技术合同

签订实务及案例解析

黄 妙 主编

Practice and
Case Studies on
Technology Contract

知识产权出版社
全国百佳图书出版单位
—北京—

图书在版编目（CIP）数据

技术合同签订实务及案例解析/黄妙主编．—北京：知识产权出版社，2022.7

ISBN 978-7-5130-8240-2

Ⅰ.①技… Ⅱ.①黄… Ⅲ.①技术合同法-案例-中国 Ⅳ.①D923.65

中国版本图书馆 CIP 数据核字（2022）第 121540 号

内容提要

本书立足企业、科研院所技术合同实际，结合日常法律服务中技术合同各方重点关注或经常咨询的条款，用浅显易懂的描述，结合大量的具体案例，详细阐释了技术合同相关条款的法律效力、合同各方的权利和义务、合同签订要点及风险点等内容，具有较强的可读性和操作性。

本书适合科技成果转化相关从业人员、法律工作者，以及对科技成果转化或知识产权感兴趣的人员阅读参考。

责任编辑：许　波　　　　**责任印制：**孙婷婷

技术合同签订实务及案例解析

JISHU HETONG QIANDING SHIWU JI ANLI JIEXI

黄　妙　主　编

出版发行：知识产权出版社有限责任公司	**网　　址：**http://www.ipph.cn
电　　话：010－82004826	http://www.laichushu.com
社　　址：北京市海淀区气象路 50 号院	**邮　　编：**100081
责编电话：010－82000860 转 8380	**责编邮箱：**xubo@cnipr.com
发行电话：010－82000860 转 8101	**发行传真：**010－82000893
印　　刷：北京中献拓方科技发展有限公司	**经　　销：**新华书店、各大网上书店及相关专业书店
开　　本：720mm×1000mm　1/16	**印　　张：**14
版　　次：2022 年 7 月第 1 版	**印　　次：**2022 年 7 月第 1 次印刷
字　　数：208 千字	**定　　价：**68.00 元

ISBN 978-7-5130-8240-2

前言

Preface

2020年5月，中共中央、国务院印发的《关于新时代加快完善社会主义市场经济体制的意见》中明确指出，要创新促进科技成果转化机制，推动科技成果转化和产业化。随着国家对科技成果转化的政策引导，科技成果转化形式呈多样化发展趋势，技术合同是科技成果转化过程中必不可少的关键环节，同时技术合同的签订往往会与其他投资合同、联营合同、经销合同等不同性质的法律行为交织在一起，更加凸显其重要性。笔者在协助各科技研发部门或科技成果投资方从事谈判或合同审查过程中发现，目前成果转化或者委托研发的当事人对于技术合同的条款约定并不清晰，缺乏对技术合同法律条款的理解。出资方往往关注的是与投资相关的条款，而技术方对于科技成果权属的界定则相对模糊，或者对其知识产权归属不够重视，导致技术合同签订履行后，因相关条款约定不明而产生不少争议，甚至对簿公堂。因此，加强相关人员技术合同签订技能，提升其对技术合同相关法律的理解，已然成为加快推进科技成果转化的内在刚需。科技部曾于2000年编写了八类技术合同的模板，该模板已在许多高校、研发机构签订技术合同时予以广泛使用，对规范技术合同的签订发挥了指引作用。从2020年起，我国分别就《中华人民共和国民法典》《中华人民共和国专利法》及与商业秘密有关的法律进行不断完善，其中与技术合同相关的法律条款及规定亦有所修改，科技部原技术合同示范文本中的部分内容与新的技术合同相关法律规定存在不一致之处，因此需要予以更新。

本书结合最新法律规定，围绕技术开发（委托）合同、技术开发（合作）合同、专利申请权转让合同、专利权转让合同、技术秘密转让合同、专利实施许可合同、技术咨询合同及技术服务合同八类技术合同，以《中华人民共和国民法典》《中华人民共和国专利法》《中华人民共和国反不正当竞争法》《最高人民法院关于审理技术合同纠纷案件适用法律若干问题的解释》《最高人民法院关于审理侵犯商业秘密民事案件适用法律若干问题的规定》和《技术合同认定登记管理办法》（国科发政字〔2000〕063号）等相关法律、行政法规、司法解释及最高人民法院编写的法条释义为依据，对技术合同中相关条款内容进行释义及说明。另外，本书对2008—2021年的最高人民法院知识产权年报及最高人民法院公报上有关技术合同的案例进行汇编，并对技术合同的签订要点进行解析，以使读者能结合最新的案例对技术合同的签订有更为深入的了解。需要说明的是，本书所引用的案例出于读者了解技术合同签订要点的需要，对具体案例的案情进行摘录。笔者希望本书能为创新主体提供有益帮助，为推动我国科技成果转化尽微薄之力。

在本书撰写过程中，中国科学院宁波材料技术与工程研究所杨甦先生及王国华先生、浙江之江实验室王庆先生提出许多宝贵的建议，使本书在内容上更具实务性，同时助理陈盈盈协助完成本书的文字核对工作，在此表示感谢！

黄　妙

2022年2月28日于宁波

目录
Contents

第一章 技术合同的立法沿革

一、技术合同的相关法律

1987年6月23日，全国人大常委会通过的《中华人民共和国技术合同法》（以下简称《技术合同法》）是我国第一部规范技术合同的法律，其将我国技术交易的市场行为纳入了法治轨道。该法共分七章，共计55条，内容包括技术合同的订立、履行、变更和解除；对四类技术合同，即技术开发合同、技术转让合同、技术咨询合同及技术服务合同的相关内容进行了规定，同时还就技术合同争议的解决方式仲裁及诉讼进行了规范。随着市场经济的不断发展，为更好地同全球市场接轨，统一市场交易的一般规则，《技术合同法》实施12年后，1999年3月15日，九届全国人大二次会议审议通过了《中华人民共和国合同法》（以下简称《合同法》），《合同法》将《技术合同法》与另两部法律《中华人民共和国经济合同法》（以下简称《经济合同法》）、《中华人民共和国涉外经济合同法》（以下简称《涉外经济合同法》）合并，统一为一部《合同法》。技术合同有别于其他合同的重点在于，它的客体为包含知识产权的技术。因此，在《合同法》的内容中特别就技术合同内容单列章节，这既体现了《合同法》有一般规则上的统一，又保留了《技术合同法》中对于技术合同的特别规则。

随着我国相关民事法律规范制定水平的成熟，2021年1月1日《中华人民共和国民法典》（以下简称《民法典》）正式生效。《民法典》将《合同法》《中华人民共和国民法总则》《中华人民共和国物权法》《中华人民共和国婚姻法》《中华人民共和国继承法》等原先单独制定的各类民事法律，统编修正成为一个法典，技术合同的相关规定也随《合同法》一并归入《民法典》的规范内容中。《民法典》合同编第二十章是关于技术合同的法律规定，共计45条，法条为第843条至第887条，与《合同法》条款相对比，其中新增3条、修改28条、保留14条。新增的主要内容：第862条新增技术转让合同及技术许可合同的定义规定；第876条新增关于集成电路布图设计专有权、植物新品种权、计算机软件著作权等其他知识产权的转让和许可参照适用技术合同的有关规定；第886条新增关于“技术咨询合同和技术服务合同对受托人正常开展工作所需费用的负担没有约定或者约定不明确的，由受托人负担”的规定。修改的28条规定中主要涉及技术合同的定义及种类（第843条）、技术合同主要条款的列举（第845条）、委托开发合同中技术成果归属的规定（第859条、第861条）、因增加技术许可合同类别后作相应修改（第863、864、868、869、871、872、874条）等。另外，《民法典》合同编中第一章总则部分，合同一般性条款的规定对技术合同的成立、撤销、解除及效力亦予以适用。因此，《民法典》在编入《合同法》中关于技术合同相关内容的同时，结合当前我们技术合同的实践需求，在条款上作了相应的增加及修改。由此，我国技术合同的法律规定，自20世纪80年代末起，经历了《技术合同法》的单独立法，三法合一归于《合同法》，最终汇编进《民法典》，历经四十余年，如同小溪流入河流最终汇入大海，成为中国民事法律制度统一法典——《民法典》的组成部分。

二、技术合同的相关规定

作为规范社会关系的准则，法律随着社会关系的不断发展而不断更新。随着社会经济活动的发展，技术交易的活动也随之发展并活跃起来。1999

年《技术合同法》归于《合同法》后，国家技术合同管理的相关部门为进一步规范技术合同的市场交易行为，在《合同法》规定的技术合同相关法律规范基础上，相应地制定了行政法规。如2000年科技部、财政部及国家税务总局发布的《技术合同认定登记管理办法》，对技术合同的签订采用了登记备案制度，同时给予合法有效备案的合同主体税收上的优惠政策。2001年，科技部印发了《技术合同示范文本》（国科发政字〔2001〕244号），该文本成为中科院、各类高校、研发单位通用的文本并且沿用至今。同时，人民法院结合审理技术合同纠纷过程中出现的新问题或疑难问题，出台相应的司法解释。2004年12月16日，最高人民法院发布了《最高人民法院关于审理技术合同纠纷案件适用法律若干问题的解释》（以下简称《技术合同司法解释》，该司法解释不仅为法院审理技术合同纠纷案件提供了依据，也为日常经济活动中技术合同各方签订合同时提供了可参考的法律依据。2020年12月29日，因《合同法》编入《民法典》，最高人民法院相应地对该司法解释进行了修订。另外，与技术合同签订相关的法律规定及司法解释还包括《中华人民共和国专利法》（以下简称《专利法》）、《中华人民共和国反不正当竞争法》（以下简称《反不正当竞争法》）、《最高人民法院关于审理侵犯商业秘密民事案件适用法律若干问题的规定》（以下简称《商业秘密司法解释》）等。

近几年来，随着科技体制改革的政策导向，尤其是资源配置、计划管理、科技成果转化等方面重大改革措施的出台，加快了国内科技成果转化的步伐。2015年8月29日，全国人大常委会修改了1996年制定的《中华人民共和国促进科技成果转化法》，加入了激励科研机构、高校积极转化科技成果，推进产学研合作及加强科技成果转化服务等内容。2016年2月，国务院印发《实施〈中华人民共和国促进科技成果转化法〉若干规定》。该规定进一步鼓励研究开发机构、高等院校积极开展科技成果转化的工作，通过转让、许可或作价投资等方式，向企业或者其他组织转移科技成果。在相关法律及政策的引导下，我国科技成果转化的数量在逐年增加，科技成果转化各方签订技术合同的需求日益增加。

第二章
技术合同的基本规定

本章中，主要就技术合同基础性的法律规定进行介绍，包括技术合同的定义、种类、效力，以及解除的相关法律规定及注意点；同时，从整体上就技术合同主要条款进行了介绍，并特别就技术合同中最为重要的两个条款——违约责任条款及争议解决条款，结合法律规定进行了详尽说明。本章节的内容有助于刚接触技术合同的新手对技术合同的签订有一个基本的法律上的认识，对于技术合同签订过程中的主要风险点有一些初步了解。对技术合同基本定义、《民法典》中关于合同违约条款及争议解决条款比较了解的读者，可以先略过本章节，直接从第三章开始就具体类型的技术合同进行解读。

一、技术合同的定义

2020 年 5 月 28 日颁布的《民法典》第 843 条对技术合同的定义进行了修改，明确了“技术合同是当事人就技术开发、转让、许可、咨询或者服务订立的确立相互之间权利和义务的合同”。根据该条新修改的规定，技术合同的标的在《合同法》规定的四种类型——技术开发、技术转让、技术咨询及技术服务的基础上，增加了第五种类型——技术许可。因此，技术合同的种类也从原先的四个类别增至五个类别。有学者生动地将技术合同种类的增加，称为从“四G（技）时代”走入“五G（技）时代”。技术合同与其他合同相比，具有以下几个特征。[1]

第一，技术合同的当事人具有广泛性及特定性。广泛性是指技术合同的当事人与其他的合同当事人的主体资格一致，包括自然人、法人和非法人组织均可。同时，不具有民事主体资格的科研组织（如课题组、实验室等）也可作为技术合同的签订主体。对于科研组织签订的技术合同，法院并不简单地认定技术合同无效，具体分为两种情况来确定技术合同的效力：①经法人或者非法人组织授权或认可的，视为法人或非法人组织签订的合同，由法人或非法人组织承担责任；②未经法人或者非法人组织授权或者认可的，由该科研组织成员共同承担责任，但法人或者非法人组织因该合同受益的，应当在其受益范围内承担相应责任。

特定性是指技术合同的当事人，通常至少一方是能够利用自己的技术力量从事技术开发、技术转让、技术许可、技术服务或技术咨询的组织或个人。如果合同当事人双方均不存在利用自己技术能力进行履行合同的情况，则该合同就属于履行不能或不属于技术合同类别。

第二，技术合同的履行具有债权与知识产权的双重性。技术合同作为法律规定的合同类型之一，受与合同相关的法律约束。同时，技术合同在履行过程中必然与技术成果相关，技术成果包括专利权、专利申请和技术秘密等，因此，技术合同还会受知识产权相关法律的规范。在技术合同的签订及履行过程中，需要同时考虑其合同的约束性及知识产权的无形性、专属性的特点。

第三，技术合同的标的具有无形性及技术性。技术合同的履行标的是技术成果，根据《技术合同司法解释》第1条对技术合同中技术成果的定义，技术成果是指利用科学技术知识、信息和经验做出的涉及产品、工艺、材料及其改进等技术方案，包括专利、专利申请、技术秘密、计算机软件、集成电路布图设计和植物新品种等。因此，技术性是技术合同一个重要的

---

[1] 最高人民法院民法典贯彻实施工作领导小组．中华人民共和国民法典合同编理解与适用（四）［M］．北京：人民法院出版社，2020：2229.

特点。需要注意的是，如果技术成果系社会公知的技术，则不应作为技术开发、技术转让和技术许可合同的标的，只能作为技术服务合同或技术咨询合同的标的。

第四，技术合同的形式具有多样性及复杂性。随着科技成果转化工作的不断推进，技术成果作为知识产权运营的标的，通过技术合同条款与投资合同、联营合同、经销合同、包销合同或者类似合同混合签订的方式形成混合性合同。混合性合同在签订时，合同主体的权利和义务约定会涉及多重法律规定，但对于涉及技术合同的条款，仍适用于技术合同相关的法律规定，切不可与其他法律条款相混淆。

二、技术合同的种类及比较

《民法典》规定了技术合同的五种类型，分别为技术开发合同、技术转让合同、技术许可合同、技术咨询合同及技术服务合同。技术开发合同是当事人之间就新技术、新产品、新工艺、新品种或者新材料及其系统的研究开发所订立的合同，包括委托开发合同和合作开发合同。另外，当事人之间就具有实用价值的科技成果实施转化订立的合同，参照适用技术开发合同的有关规定。技术转让合同是合法拥有技术的权利人，将现有特定的专利、专利申请、技术秘密的相关权利让与他人所订立的合同。技术转让合同包括专利权转让、专利申请权转让、技术秘密转让等合同。技术许可合同是合法拥有技术的权利人，将现有特定的专利、技术秘密的相关权利许可他人实施、使用所订立的合同。技术许可合同包括专利实施许可、技术秘密使用许可等合同。技术许可合同是本次《民法典》编制时新增的条款内容。技术咨询合同是当事人一方以技术知识为对方就特定技术项目提供可行性论证、技术预测、专题技术调查、分析评价报告等所订立的合同。技术服务合同是当事人一方以技术知识为对方解决特定技术问题所订立的合同，不包括承揽合同和建设工程合同。

在实践中，存在技术研发人员或技术合同签订人员，未准确把握不同技术合同的定义，错误使用技术合同类别的情形。比较常见的，如用技术转让合同来约定技术许可行为导致相关技术从许可变成了转让，一次性对相关的技术权属进行了处分，严重的会导致国有资产的流失。又如，对于科技成果实施转化的合同，未按技术开发合同的形式签订，而是错误地选择技术咨询或技术服务合同，导致新开发的技术成果归属的约定内容缺失，引发后续知识产权权属纠纷。因此，准确了解不同类型的技术合同定义及区别，对于技术合同的签订尤为重要。

本书依据相关法律对五类技术合同的规定，按技术合同标的、履行内容、技术成果类型及成果归属进行分类，对五类技术合同进行了对比，具体分析如表1。

表1　五类技术合同对比表

区别项	合同类型				
	技术开发合同	技术转让合同	技术许可合同	技术咨询合同	技术服务合同
合同标的	订立合同时尚未掌握的技术方案	订立合同时已经存在的、非公知性技术成果或专利	订立合同时已经存在的、非公知性技术成果或专利	特定技术项目的咨询	运用专业技术知识、经验和信息解决特定技术问题
履行内容	技术成果创新	转让专利、专利申请/技术秘密	许可专利/技术秘密	科学知识和技术手段进行分析、论证、评价和预测	提供解决技术问题的服务性项目
工作成果	具有技术创新性内容的技术成果	转让相关技术成果的行为	许可相关技术成果的行为	可行性论证、技术预测、专题技术调查、分析评价报告	实施符合质量和数量指标的技术解决方案
成果归属	原始取得	继受取得	不涉及权属转移，获得实施使用	不涉及权属转移，会产生衍生权属	不涉及权属转移

三、技术合同的效力

技术合同签订后是否具有法律效力，影响着合同双方当事人的履行义务及相关的经济利益。无效的技术合同从订立时起就没有法律约束力。技术合同被确认无效后，对合同无效负有责任的一方应当赔偿因合同无效给另一方造成的损失。合同双方对合同无效均负有责任的，应各自承担相应责任。《民法典》及修订后的《技术合同司法解释》对技术合同的效力作了新的规定，主要内容如下。

第一，技术合同履行的法律效力不影响合同订立时的法律效力。技术合同效力的认定，需要区分技术合同的订立行为与履行行为的法律效力。技术合同的订立行为是指合同双方当事人就技术的开发、转让、实施等订立技术合同的行为；技术合同的履行行为是指合同生效后，技术产品的生产、技术服务的提供等具体的履行行为。根据《民法典》第 153 条规定，违反法律、行政法规的强制性规定（除该强制性规定不导致该民事法律行为无效外）的民事法律行为无效。另外，《技术合同司法解释》第 8 条规定，技术合同生效后，在合同履行过程中生产技术产品或者提供技术服务应依法经有关部门审批或者取得行政许可，未经审批或者许可不影响双方订立技术的技术合同的效力。因此，根据上述两条法律规定，技术合同在订立时若违反法律、行政法规强制性规定，且该强制性规定将直接导致合同无效的，该技术合同无效。但若技术合同在签订时生效，一方在履行过程中因违反有关部门审批或行政许可等情形的，技术合同的效力不受影响，依旧有效。另外，关于履行审批手续或取得行政许可的义务在技术合同中技术合同对相关审批手续或取得行政许可的履行义务方未作约定或约定不明确的，一般应当由实施技术的一方负责办理，但法律、行政法规另有规定的除外。以上是关于技术合同效力的法律规定，若对上述理解还有不清晰之处，具体可以参见本书第七章中案例三的分析。

第二，技术合同可撤销情形的规定。可撤销合同情形是《民法典》合同效力的重要内容之一，可撤销合同具体规定在《民法典》第 147 条至 151 条，包括重大误解、欺诈、第三人欺诈、胁迫与显失公平五种情形。较之前《合同法》规定，《民法典》主要有以下几个规定变化：其一，对欺诈、胁迫的对象是否损害国家利益不再进行区分无效与可撤销，均为可撤销的民事法律行为；其二，新增了第三人欺诈实施民事法律行为可撤销的情形；其三，将乘人之危归入显失公平中，不再作为独立的可撤销情形；其四，删除了当事人合同变更请求权，人民法院、仲裁机构不得直接变更相应情形的民事法律行为，而仅可依据当事人的申请予以撤销。这些《民法典》中对于合同撤销的规定，同样适用于技术合同可撤销的认定。另外，《技术合同司法解释》特别就委托开发合同的可撤销的情形作了进一步细化的规定。该解释第九条规定，合同一方就其现有技术成果作为研究开发标的与他人订立委托开发合同收取研究开发费用的，或者就同一研究开发课题先后与两个或者两个以上的委托人分别订立委托开发合同并重复收取研究开发费用，使对方在违背真实意思的情况下订立合同的，合同的受损方可依法向法院或仲裁机构请求撤销合同。

技术合同符合可撤销情形时，需要在法律规定的期限内行使撤销权。《民法典》第 152 条规定了撤销权的行使时间，即当事人自知道或者应当知道撤销事由之日起一年内未行使撤销权，或知道撤销事由后明确表示或者以自己的行为表明放弃撤销权，该撤销权消灭。《民法典》第 152 条对于重大误解及受胁迫行为的可撤销情形作了特别规定：

①重大误解的当事人自知道或者应当知道撤销事由之日起九十日内没有行使撤销权的，撤销权消灭；

②当事人受胁迫，自胁迫行为终止之日起一年内没有行使撤销权的，撤销权消灭。

另外，《民法典》第 152 条还规定了撤销权行使的除斥期间，即“当事人自民事法律行为发生之日起五年内没有行使撤销权的，撤销权消灭”。根据该条规定，有权行使撤销权的当事人自可撤销情形发生之日起五年内没有行使撤销权的，在五年期限届满后行使该撤销权，将无法得到法院或仲裁部门的支持，即无法通过法院或仲裁途径撤销该技术合同。因此，对于符合行使撤销权的技术合同，当事人应尽快行使撤销权，或尽早与对方当事人进行协商。协商不成的，依据技术合同中争议解决的约定，及时诉诸法院或向仲裁庭提起申请，请求撤销双方签订的技术合同或条款，以避免损失扩大。

第三，非法垄断技术的技术合同无效。《民法典》第850条明确规定非法垄断技术的技术合同无效。非法垄断技术是指合同一方当事人通过合同条款限制另一方当事人在合同标的技术的基础上进行新的研究开发，限制另一方当事人从其他渠道吸收技术，或者阻碍另一方根据市场的需求，按照合理的方式充分实施专利和使用技术秘密。[1]《技术合同司法解释》第10条根据TRIPs和《中华人民共和国对外贸易法》（以下简称《对外贸易法》）相关规定，并参考国外立法和判例，列举的“非法垄断技术”具体类型如下：

①限制合同一方在合同标的技术基础上进行新的研究开发或者限制其使用所改进的技术，或者双方交换改进技术的条件不对等，包括要求一方将其自行改进的技术无偿提供给对方、非互惠性转让给对方、无偿独占或者共享该改进技术的知识产权。

②限制合同一方从其他来源获得与技术提供方类似技术或者与其竞争的技术。

③阻碍合同一方根据市场需求，按照合同方式充分实施合同标的技术，包括明显不合理地限制技术接受方实施合同标的技术生产产品或者提供服务的数量、品种、价格、销售渠道和出口市场。

④要求技术接受方接受并非实施技术必不可少的附带条件，包括购买非必要的技术、原材料、产品、设备、服务及接受非必需的人员等。

⑤不合理地限制技术接受方购买原材料、零部件、产品或者设备等的

[1] 最高人民法院民法典贯彻实施工作领导小组．中华人民共和国民法典合同编理解与适用（四）［M］．北京：人民法院出版社，2020：2248.

渠道或者来源。

⑥禁止技术接受方对合同标的技术知识产权的有效性提出异议或者对提出异议附加条件。

若合同双方技术合同中有约定上述非法垄断技术的条款，则该条款无效，且该条款约定的内容对技术合同中获得技术的一方无约束力。

第四，侵害他人技术成果的技术合同无效。《民法典》第850条明确规定侵害他人技术成果的技术合同无效。侵害他人技术成果，是指侵害另一方或者第三方的专利权、专利申请权、专利实施权、技术秘密使用权和转让权及其他科技成果权的行为。❶ 具体而言，侵害他人技术成果可以分为以下几种情形：

其一，标的技术未授权或追认。如专利实施许可合同的被许可人和技术秘密转让合同取得使用权的受让人（即技术秘密许可使用合同的被许可人），将合同标的技术向他人转让而订立的合同，如果没有技术成果权利人授权或者追认，则对其不发生效力。但是在前合同当事人之间涉及的是侵权与违约的竞合问题，他们之间的争议和责任承担应当依据受损害方的选择来进行处理。其二，处分共有技术成果问题。任何共有人擅自处分技术成果，包括未经其他共有人同意，转让或者以任一方式许可他人使用专利或者技术秘密等技术成果，均属于侵害共有人技术成果权益，对其他共有人不发生效力。其三，无权代理的追认问题。无权代理人以被代理人的名义订立合同，被代理人已经开始履行合同义务或者接受相对人履行的，视为对合同的追认。侵害他人技术成果的技术合同，经权利人追认或事后授权的，对权利人发生效力。

根据《技术合同司法解释》第12条规定，侵害他人技术秘密的技术合同被确认无效后，除法律、行政法规另有规定的以外，善意取得该技术秘密的一方当事人可以在其取得时的范围内继续使用该技术秘密，但应当向权利人支付合理的使用费并承担保密义务。就善意取得的认定而言，一般

❶ 最高人民法院民法典贯彻实施工作领导小组．中华人民共和国民法典合同编理解与适用（四）［M］．北京：人民法院出版社，2020：2248.

可理解为不知道其取得的技术秘密属于他人专有并已为此支付了合理对价。法院考虑善意取得的主要因素：①使用者购买相关技术时所支付的价款是否合理；②使用者受让相关技术的购买渠道和销售商的情况；③使用者对相关技术的认知能力。另外，人民法院在确认合理使用费时，应根据权利人通常对外许可该技术秘密的使用费或者使用人取得该技术秘密所支付的使用费，并考虑该技术秘密的研究开发成本、成果转化和应用程度及使用人的使用规模、经济效益等因素合理确定。不论使用人是否继续使用技术秘密，均应当向权利人支付已使用期间的使用费。使用人已向原技术合同的让与人或者许可人支付使用费的。该使用费由让与人或许可人负责返还。

第五，技术合同无效或者被撤销后的法律后果。《技术合同司法解释》第 11 条规定，技术合同无效或者被撤销后，技术开发合同研究开发人、技术转让合同让与人、技术许可合同许可人、技术咨询合同和技术服务合同的受托人已经履行或者部分履行了约定的义务，并且造成合同无效或者被撤销的过错在对方的，对其已履行部分应当收取的研究开发经费、技术使用费、提供咨询服务的报酬，可以认定为因对方原因导致合同无效或者被撤销给其造成的损失。另外，技术合同无效或者被撤销后，因履行合同所完成的新的技术成果或者在他人技术成果基础上完成后续改进技术成果的权利归属和利益分享，且当事人不能重新协议确定的，人民法院可以判决由完成技术成果的一方享有。

四、技术合同的解除

合同的解除主要包括约定解除和法定解除两种类型。约定解除是由当事人双方就合同的解除进行协商或约定，其项下还包括合意解除和约定解除两种情形：所谓合意解除，指的是合同成立并生效后，在未履行或者未完全履行之前，合同当事人通过协商解除合同，使合同效力归于消灭的；所谓约定解除权，是指按照合同自由原则，当事人因协商一致而缔结合同，也有权对解除合同的事由作出约定，当事人以合同条款的形式，在合同成立以后未履行或未完全履行之前，由一方当事人在约定解除合同的事由发生时享有解除权，并据此通过行使解除权，使合同关系归于消灭。而法定解除则指的是合同生效后未履行或者未履行完毕前，当事人在法律规定的解除事由出现时，通过行使解除权而使合同关系归于消灭。《民法典》第563条就法定解除权做出了相关规定："有下列情形之一的，当事人可以解除合同：（一）因不可抗力致使不能实现合同目的；（二）在履行期限届满前，当事人一方明确表示或者以自己的行为表明不履行主要债务；（三）当事人一方迟延履行主要债务，经催告后在合理期限内仍未履行；（四）当事人一方迟延履行债务或者有其他违约行为致使不能实现合同目的；（五）法律规定的其他情形。"在合同解除的时间上，以持续履行的债务为内容的不定期合同，当事人可以随时解除合同，但是应当在合理期限之前通知对方。另外，《民法典》第564条也就解除权行使期限作出了相关规定，若法律规定或者当事人约定解除权行使期限，期限届满当事人不行使的，该权利消灭；若法律没有规定或者当事人没有约定解除权行使期限，自解除权人知道或者应当知道解除事由之日起一年内不行使，或者经对方催告后在合理期限内不行使的，该权利消灭。

在技术合同履行过程中，合同各方往往会因履约瑕疵或者违约行为而提出解除合同。从《民法典》合同编的立法精神看，应当尽可能维持合同的效力，促使当事人依约履行合同，实现技术交易的目的，但同时也要保证合同各方在不能够实现合同目的时能够及时行使解除权，尽快稳定交易关系。《技术合同司法解释》第15条规定，对技术合同履行过程中，一方迟延履行主要债务的情形，守约方进行催告的合理期限进行了明确规定，该合理期限为不少于30日。根据该条规定，若技术合同一方迟延履行主要债务的，经守约方催告后30日内仍未履行，属于《民法典》第563条规定的法定解除合同情形之一，守约方可以主张解除合同。该条是修订后《技术合同司法解释》对于技术合同一方迟延履行，守约方通知解除的合理期限的特别规定。除这一特别规定外，技术合同作为法律规定合同类别，《民法典》合同编中的其他合同解除情形同样适用于技术合同。

五、技术合同的主要条款

（一）关于技术合同主要条款的法律规定

《民法典》第845条就技术合同的主要条款进行了明确规定，技术合同的内容一般包括项目的名称，标的内容、范围和要求，履行的计划、地点和方式，技术信息和资料的保密，技术成果的归属和收益的分配办法、验收标准和方法，名词和术语的解释等条款。这里需要指出的是，《民法典》上述对于技术合同主要条款的规定是指导性的规定，并不属于合同双方在签订合同时必须采用的条款，也不限制合同各方在合同中约定其他权利和义务，如当事人可以约定对技术合同的担保等。[1]

另外，与履行合同有关的技术背景资料、可行性论证和技术评价报告、项目任务书和计划书、技术标准、技术规范、原始设计和工艺文件，以及其他技术文档，按照合同各方的约定可以作为合同的组成部分。涉及专利的，还包括发明创造的名称、专利申请人和专利权人、申请日期、申请号、专利号及专利权的有效期限。

《全国法院贯彻实施民法典工作会议纪要》第6条规定："当事人对于合同是否成立发生争议，人民法院应当本着尊重合同自由、鼓励和促进交易的精神依法处理。能够确定当事人名称或者姓名、标的和数量的，人民法院一般应当认定合同成立，但法律另有规定或者当事人另有约定的除外。对合同欠缺的当事人名称或者姓名、标的和数量以外的其他内容，当事人达不成协议的，人民法院依照《民法典》第466条、第510条、第511条等规定予以确定。"基于上述规定，在签订技术合同时，当事人双方的名称或者姓名、技术合同标的及数量，是技术合同成立的必要条件，其他的合同

---

[1] 最高人民法院民法典贯彻实施工作领导小组．中华人民共和国民法典合同编理解与适用（四）［M］．北京：人民法院出版社，2020：2234-2235.

条款内容，没有约定或约定不明确时，可先通过协议补充，不能达成补充协议的，按照合同相关条款或者交易习惯确定；若仍然不能确定的，可按以下法律规定的标准进行确定。

具体而言，若具体合同条款没有约定或约定不明确时，可先协议补充，不能达成补充协议的，按照合同相关条款或者交易习惯确定；若仍然不能确定的，可按以下标准进行确定：①质量要求不明确的，按照强制性国家标准履行；没有强制性国家标准的，按照推荐性国家标准履行；没有推荐性国家标准的，按照行业标准履行；没有国家标准、行业标准的，按照通常标准或者符合合同目的的特定标准履行。②价款或者报酬不明确的，按照订立合同时履行地的市场价格履行；依法应当执行政府定价或者政府指导价的，依照规定履行。③履行地点不明确，给付货币的，在接受货币一方所在地履行；交付不动产的，在不动产所在地履行；其他标的，在履行义务一方所在地履行。④履行期限不明确的，债务人可以随时履行，债权人也可以随时请求履行，但是应当给对方必要的准备时间。⑤履行方式不明确的，按照有利于实现合同目的的方式履行。⑥履行费用的负担不明确的，由履行义务一方负担；因债权人原因增加的履行费用，由债权人负担。另外，当事人对合同条款的理解有争议的，应当依据《民法典》第 142 条第 1 款规定，按照所使用的词句，结合相关条款、行为的性质和目的、习惯及诚信原则，确定争议条款的含义。若合同文本采用两种以上文字订立并约定具有同等效力的，对各文本使用的词句推定具有相同含义。各文本使用的词句不一致的，应当根据合同的相关条款、性质、目的及诚信原则等予以解释。

（二）合同的违约条款

所谓违约，指的是指一方当事人不合理拒绝或者不履行合法和强制性的合同义务，即完全不履行根据合同应负有的义务，通常表现为拒绝履行、不能履行、迟延履行或不完全履行等违约形态。具体来说，拒绝履行包括明示和默示两种方式。不能履行，又称给付不能，是指债务人在客观上已经没有履行能力，包括事实上的履行不能、法律上的履行不能，还区分为自始不能履行与事后不能履行、全部不能履行与部分不能履行、永久不能履行与一时不能履行。迟延履行，又称债务人迟延，指债务人能够履行合同，但在履行期限届满前未及时履行。不完全履行，又称不完全给付或不适当履行，指不完全履行虽然履行不完全，但尚有可以履行的行为。

《民法典》第577条规定，当事人一方不履行合同义务或者履行合同义务不符合约定的，应当承担继续履行、采取补救措施或者赔偿损失等违约责任。根据民法自治的原则，违约责任的承担始终是以约定优先，即当事人对于违约责任的承担方式有明确约定的，依照其约定履行。若没有约定的，可依据法律规定采用继续履行、采取补救措施、赔偿损失等方式承担违约责任。当事人一方明确表示或者以自己的行为表明不履行合同的，对方可以在履行期限届满前请求其承担违约责任。不履行的债务，分为金钱债务与非金钱债务。对于一方不履行金钱义务的，另一方可请求其支付；对于一方未履行非金钱债务，另一方可以请求其继续履行，还可以请求其承担其他违约责任；如果债务人交付的标的物或提供的工作成果不符合约定标准，债权人可以选择请求债务人承担修理、重作或者更换补救措施；同时，继续履行、采取补救措施均可以转化为金钱赔偿的方式。

违约责任赔偿原则适用民事赔偿救济补偿原则，主张赔偿的金额一般不超出受损方的全部损失范围。具体而言，一是当事人一方不履行合同义务或者履行合同义务不符合约定，造成对方损失的，损失赔偿额应当相当于因违约所造成的损失，包括合同履行后可以获得的利益；但是，不得超过违约一方订立合同时预见到或者应当预见到的因违约可能造成的损失。二是当事人一方不履行合同义务或者履行合同义务不符合约定的，在履行义务或者采取补救措施后，对方还有其他损失的，应当赔偿损失，损害赔偿和继续履行可以并用；三是采取补救措施后，如受损害方还有其他可得利益的损失、必要费用的损失时，仍可就其他损失请求赔偿，如《民法典》第800条规定："勘察、设计的质量不符合要求或者未按照期限提交勘察、设计文件拖延工期，造成发包人损失的，勘察人、设计人应当继续完善勘察、设计，减收或者免收勘察、设计费并赔偿损失。”

法律对约定违约金的数额的认定原则。当事人可以约定一方违约时应当根据违约情况向对方支付一定数额的违约金，也可以约定因违约产生的损失赔偿额的计算方法。约定的违约金低于造成的损失的，人民法院或者仲裁机构可以根据当事人的请求予以增加；约定的违约金过分高于造成的损失的，人民法院或者仲裁机构可以根据当事人的请求予以适当减少。关于法院可以支持的违约金的金额，依据相关的法律或司法解释规定，予以确定。如《最高人民法院关于审理商品房买卖合同纠纷案件适用法律若干问题的解释》第 12 条规定，当事人以约定的违约金过高为由请求减少的，应当以违约金超过造成的损失 30% 为标准适当减少；当事人以约定的违约金低于造成的损失为由请求增加的，应当以违约造成的损失确定违约金数额。

承担合同违约责任的方式除违约金外，还有定金罚则的金钱赔偿方式。按照合同的约定，在定金交付后，交付定金的一方可以以丧失定金为代价而解除合同，收受定金的一方可以双倍返还定金为代价而解除合同。《民法典》第 586 条第 2 款就定金的数额进行了规定，定金的数额由当事人约定，但是不得超过主合同标的额的 20%。超过部分不产生定金的效力，作为合同预付款，不适用定金双倍返还罚则。

（三）合同的争议解决条款

合同的争议解决条款，是合同双方当事人在履行过程中发生，如一方迟延履行、履行不符合约定或双方对合同条款理解不同而引发争议时，双方在无法通过友好协商达成一致的情况下，按合同约定确定争议管辖机构的条款。争议解决条款主要涉及两个问题：一是争议由哪个机构管；二是争议由哪个区域管。

关于争议由哪个机构管的问题。争议处理机构一般包括仲裁和法院两种，两者在审理程序、案件公开及费用上有所不同。首先，仲裁处理是由仲裁委员会进行仲裁审理后，作出仲裁裁决书或仲裁调解书，为一裁终局。

仲裁裁决或调解生效后，由申请人向法院申请执行。法院处理是原告通过向法院诉讼，经法院审理作出判决或调解的方式；若任一方对一审法院作出的判决不服，可向二审法院提起上诉，再由二审法院审理后作出判决或调解。一般二审判决书及调解书为终审结果，当事人可依据生效后的二审判决或调解书，向法院申请执行。其次，仲裁案件审理为不公开审理；而诉讼案件一般为公开审理，除案件有符合不公开审理的条件（如涉及技术秘密等）的，可申请不公开审理。最后，仲裁案件的受理费比法院一审诉讼费用要高，但若案件需经历一审二审，相关的诉讼费用的合计会比仲裁费用高。因此，在签订合同时，需结合本项目实际情况，对争议机构进行约定。

关于确定哪个区域管辖的问题，涉及合同中相关条款是如何约定的问题。如科技部 2001 版技术合同模板首页中“合同签订地”的约定与争议管辖法院有所关联，若合同最终约定由“合同签订地法院管辖”，则合同的签订地就十分重要。例如，签订地点填写为“×市”或“××市××区”。这样技术合同的纠纷案件将由××市中级人民法院管辖。但若双方约定的合同管辖地与签订地点无关，如约定“由被告所在地法院管辖”“合同履行地法院管辖”或“杭州仲裁委员会仲裁”等，则签订地点的内容不作为合同签订的重点内容考虑。如何在合同条款中对管辖地作有效的约定，是一个很复杂的法律问题，会涉及法律对于地域管辖或级别管辖及合同履行地的相关规定。

就地域管辖而言，《中华人民共和国民事诉讼法》（以下简称《民事诉讼法》）第 24 条规定，因合同纠纷提起的诉讼，由被告住所地或者合同履行地人民法院管辖。《民事诉讼法》第 35 条规定，合同或者其他财产权益纠纷的当事人可以书面协议选择被告住所地、合同履行地、合同签订地、原告住所地、标的物所在地等与争议有实际联系的地点的人民法院管辖，但不得违反本法对级别管辖和专属管辖的规定。

就级别管辖而言，《技术合同司法解释》第 43 条规定，技术合同纠纷案件一般由中级以上人民法院管辖。各高级人民法院根据本辖区的实际情况报经最高人民法院批准，可以指定若干基层人民法院管辖第一审技术合同纠纷案件。其他司法解释对技术合同纠纷案件管辖另有规定的，从其规定。合同中既有技术合同内容，又有其他合同内容，当事人就技术合同内容和其他合同内容发生争议的，由具有技术合同纠纷案件管辖权的人民法院受理。

从合同履行地来说，最高人民法院关于适用《中华人民共和国民事诉讼法的解释》（以下简称《民事诉讼法司法解释》）第 18 条规定，合同约定履行地点的，以约定的履行地点为合同履行地。合同对履行地点没有约定或者约定不明确，争议标的为给付货币的，接收货币一方所在地为合同履行地；交付不动产的，不动产所在地为合同履行地；其他标的，履行义务一方所在地为合同履行地。即时结清的合同，交易行为地为合同履行地。合同没有实际履行，当事人双方住所地都不在合同约定的履行地的，由被告住所地人民法院管辖。

因此，对于争议解决条款的约定，需要结合技术合同的实际履行情况及争议解决的便捷性，经双方协商后予以确定。

第三章
技术开发合同

技术开发合同是许多科研机构、企业研发部门与第三方进行科技成果合作开发或委托开发过程中使用的技术合同类型。技术开发合同是技术开发双方对于探索未知的技术成果领域时双方的权利和义务界定。在合同签订前，双方需要对彼此的技术能力、资金实力作充分了解，并且双方需要做好共同承担技术开发可能失败的心理准备，就开发过程中可能发生的未知风险有所预见。本章就技术开发合同的定义、类别及技术开发合同签订中的主要条款进行了详细说明。在参考科技部 2001 版技术合同模板的基础上，本章对比《民法典》及技术合同相关最新法律及司法解释的规定，提供了具体条款的签订范本，以供读者在签订技术开发合同时参考借鉴。

一、技术开发合同的定义

《民法典》第 851 条规定，技术开发合同是当事人之间就新技术、新产品、新工艺、新品种或者新材料及其系统的研究开发所订立的合同。《技术合同司法解释》第 17 条定义“新技术、新产品、新工艺、新品种或者新材料及其系统”，包括合同各方在订立技术合同时未掌握的产品、工艺、材料及其系统等技术方案，应排除对技术上没有创新的现有产品的改型、工艺变更、材料配方调整及对技术成果的验证、测试和使用。[1] 也就是说，技术合同的标的为新技术、新产品、新工艺、新品种或者新材料及其系统，不包括对技术上没有创新的现有产品的改型、工艺变更、材料配方调整，以及对技术成果的验证、测试和使用。

另外，《民法典》第851条第4款规定，合同各方就具有实用价值的科技成果实施转化订立的合同，被称为技术转化合同，适用技术开发合同的相关规定。《技术合同司法解释》第18条规定对技术转化合同进行了定义，是指合同各方就具有实用价值但尚未实现工业化应用的科技成果，包括阶段性技术成果，以实现该科技成果工业化应用为目标，约定后续试验、开发和应用等内容的合同。

二、技术开发合同的分类

《民法典》第851条规定，技术开发合同包括委托开发合同和合作开发合同。同时基于科技成果产业化需要而签订的合同适用技术开发合同的规定。因此，技术开发合同分为技术开发（委托）合同、技术开发（合作）合同及技术成果转化合同。

技术开发（委托）合同（以下简称“委托开发合同”）是指合同一方委托另一方进行研究开发所订立的合同，即委托人向研究开发人提供研究开发经费和报酬，研究开发人完成研究开发工作并向委托人交付研究成果。委托开发合同的特征是研究开发人以自己的名义、技术和劳务独立完成研究开发工作，委托人除了提供必要的资金、设备、物资支持外不干涉具体的研发工作。技术开发（合作）合同（以下简称“合作开发合同”），是指合同各方就共同进行的研究开发工作所订立的合同，即合同各方共同投资、共同参与研究开发活动、共同承担研究开发风险、共享研究开发成果。

[1] 最高人民法院民法典贯彻实施工作领导小组．中华人民共和国民法典合同编理解与适用（四）［M］．北京：人民法院出版社，2020：2254.

合作开发合同的各方以共同参加研究开发中的工作为前提，可以共同进行全部研究开发工作，也可以约定分工，分别承担相应的部分。委托开发合同与合作开发合同的区别在于，委托开发合同的当事人一方仅提供资金、设备、材料等物质条件或者承担辅助协作事项，由另一方进行研究开发；而合作开发合同需各方共同投资共同参与研发，在无特别约定的情况下，双方共担风险，共享成果。

技术成果转化合同在实践中十分常见，技术成果转化合同，是指合同各方为适应技术创新和科技产业化的需要，就具有实用价值的科技成果实施转化而订立的合同，一般参照技术开发合同的范本签订。技术成果转化合同的标的是技术研发中的起始技术，包括但不限于阶段性技术成果。合同目的在于实现该技术的工业化应用，合同主要内容是约定有关后续试验、开发和应用等。阶段性技术成果，一般是指完成小试或者中试、尚未达到可以直接用于工业化使用的技术成果，它在一定条件下重复实验可以得到预期的效果。工业化也称为商品化、产业化，是指能够利用该技术制造出产品并能够用于工业上的规模化使用（如批量生产）。

在实践中，技术成果转化合同常与技术服务合同相混淆。合同签订方在选择技术合同范本时，往往会误将技术服务合同的模板用于技术成果转化合同。技术成果转化合同一般是对阶段性技术成果等约定由研究开发人员继续参与后续开发以实现工业化应用，会产生新的技术成果；而技术服务合同是当事人一方以技术知识为对方解决特定技术问题所订立的合同，不产生新的科技成果，主要是提供技术服务的内容。若用技术服务合同代替技术转化合同使用，会因技术服务合同范本中无技术成果的权属约定条款，而导致转化后的技术成果因权属不明而产生争议。另外，在签订技术成果转化合同时，需根据合同各方是委托开发关系还是合作开发关系，来具体选用技术开发（委托）合同还是技术开发（合作）合同文本。

三、技术开发（委托）合同的签订

委托开发合同签订的条款，除第二章技术合同的主要条款中说明的内容外，为明确委托开发过程中合同各方的权利和义务，避免因合同约定不清而产生不必要的纠纷，委托开发合同签订时一般包括以下主要约定：

（1）委托开发合同标的约定。

（2）开发人履行义务的约定。

（3）委托人履行义务的约定。

（4）研究开发经费的约定。

（5）合同变更与转让条款的约定。

（6）承担技术风险的约定。

（7）关于技术公开的约定。

（8）保密义务的约定。

（9）技术成果交付及验收条款的约定。

（10）承诺技术开发成果不构成侵权的约定。

（11）技术成果归属及收益的约定。

（12）研究开发人员权利的约定。

（13）设备、器材和资料等财产归属的约定。

（14）开发人提供技术服务和指导的约定。

（15）违约责任的约定。

（16）后续研究开发成果归属的约定。

（17）指定项目联系人的约定。

（18）合同解除的约定。

（19）争议解决条款的约定。

（20）相关术语、组成文件及其他事项的约定。

上述约定是委托开发合同签订时的主要条款，但委托开发合同的条款并不仅限于上述条款内容。合同各方可以根据开发该项新技术成果的实际情况，协商增加相关的条款内容。下面就主要条款签订作要点说明，以供读者在签订相关条款时参考。

（一）委托开发合同标的约定

委托开发合同的标的，需具备创造性、新颖性，项目具体内容为新技术、新产品、新工艺、新品种或新材料及其系统的技术成果。在委托开发合同中，就“项目名称”“技术目标”等内容的约定均与合同标的相关。对于技术标的明确约定，是委托开发合同的关键点，也与实现相关合同目的相关。如果合同目的无法实现，委托人可要求解除合同。就委托开发合同标的的约定，示范文本条款如下：

本合同研究开发项目的要求如下：

1. 技术目标：________________________________

2. 技术内容：________________________________

3. 技术方法和路线：____________________________

在本条款中，“技术目标”是开发人接受委托人委托进行研究开发后获得的技术成果，是在签订合同前尚不存在的技术成果，形式可以是“新技术、新产品、新工艺、新品种或新材料及其系统”，具有创造性、新颖性。合同双方应就项目开发的具体技术成果名称在“技术目标”中明确约定。“技术内容”部分一般应明确技术成果的技术范围和技术指标的要求。“技术方法和路线”部分，是指技术研发的拟定研究方法及相关研究路线，需按实填写。考虑到新技术的研究方法及路线可能会在研究过程中发生变化，开发人应充分考虑受托研究项目运用相关研究方法及路线可行性，在约定时留有一定的调整空间。另外，对于技术合同目的的理解，可以参见第七章案例六的解析。

（二）开发人履行义务的约定

作为开发人，其应当根据委托人的要求提供研究开发计划，具体内容包括实施研究开发工作的总体计划、年度计划、季度计划等，需要明确约定每一个阶段要解决的技术问题、完成的研究、达到的目标及完成的期限等。就委托开发合同中开发人履行义务的约定，示范文本条款如下：

乙方应在本合同生效后____日内向甲方提交研究开发计划。研究开发计划应包括以下主要内容：

1. ____________________

2. ____________________

3. ____________________

4. ____________________

乙方应按下列进度完成研究开发工作：

1. ____________________

2. ____________________

3. ____________________

4. ____________________

本条款在签订时，由于合同双方就研究开发计划的内容要求会有所不同，所以需要结合项目实际需求情况、各方立场予以考虑。委托人的负责人员需与开发人的技术研发团队进行充分的沟通，以了解项目的实际情况后确定条款的具体内容。同时，应在研究开发计划中明确约定每一阶段要解决的技术问题、完成的研究、达到的目标及完成的期限等内容，可在条款中就具体项目的工作进度作明确约定，例如："1. ×年×月×日前，乙方应完成××××工作任务，提交××××工作成果由甲方组织验收；2. ×年×月×日前，乙方应完成××××工作任务，提交××××工作成果由甲方组织验收；3. ×年×月×日前，乙方应完成××××工作任务，提交××××工作成果由甲方组织验收。"

（三）委托人履行义务的约定

委托人在合同履行过程中应对开发人提出明确具体的研究开发要求，同时要做好必要的协助工作，包括提供完备的技术资料及开发人所要求的必要的技术背景资料。需要特别注意的是，如果委托人仅是为研究开发工作提供辅助性开发工作，不能因此认定其参与了研发，将委托开发合同的性质变为合作开发合同。另外，如果委托人因未按照合同约定及时向开发人提供技术资料、完成协作事项或者履行行为存在重大缺陷，而导致开发工作停滞、延误、失败的，应当承担违约责任。就委托开发合同中委托人履行义务的约定，示范文本条款如下：

一、甲方应向乙方提供的技术资料及协作事项如下：

1. 技术资料清单：______________________________

____

____

2. 提供时间和方式：______________________________

____

3. 其他协作事项：______________________________

____

____

二、本合同履行完毕后，上述技术资料按以下方式处理：__________

____

____

第一条签订时，应明确约定委托人提供相关资料的内容范围、提供时间及方式，并且对其他协作事项予以细化约定。例如，明确约定“本合同生效后15个工作日内，以邮件或纸质方式提供”。同时，针对甲方提供的涉及保密的材料，应在邮件中注明“内部资料，不得外泄”，在纸质材料显著位置标记“内部资料，不得外泄”等。对于第二条合同履行完毕后，上述资料的交还方式，一般可做以下约定：若是以纸本或其他载体的形式予以交付的，可约定为“于合同履行完毕之日起____日内，交付给甲方”；若以电子形式交付的，可约定为“于合同履行完毕之日起____日内，由乙方自行予以销毁，并提供书面销毁证明，乙方不得自留或复制”。具体内容可以根据实际情况予以约定。

（四）研究开发经费的约定

委托人应向开发人支付的款项一般包括研究开发经费和报酬。研究开发经费是指完成技术研发所需要的费用成本。除合同另有约定外，委托人应当提供全部研究开发工作所需要的经费，包括购买研究必需的设备仪器、研究资料、试验材料、能源、试制、安装及情报资料等项目费用。报酬，是指研究开发成果的使用费和研究开发人员的科研补贴，它是研究开发人员获得的劳动收入。在司法实践中，如果合同中没有单独约定报酬的，则认定研究开发经费中包括了报酬部分。

根据《民法典》第 846 条规定，就研究开发经费的支付方式可以分为一次、分期或提成支付三种形式。

（1）一次支付，即一次总算，一次总付，是合同成立后，委托人将合同约定的全部价款、报酬或者使用费一次性支付给开发人。

（2）分期支付，即一次总算，分期支付，是合同约定价款、报酬或者使用费在合同中一次性算清，在合同成立后，委托人分几次付清合同约定的价款、报款及使用费；

（3）提成支付，即合同约定委托人在接受技术成果后，在实施该项技术成果的过程中所获得的收益，按比例提取部分收入作为开发费用、报酬或者使用费交付给开发人。收益可以约定为产品价格、实施专利或技术成果后新增的产值、利润或者产品销售额的一定比例提成，也可以按照约定的其他方式计算。提成比例可以采取固定比例、逐年递增比例或者逐年递减比例。如果合同双方约定提成支付的，则可以约定开发人查阅有关委托人有关会计账目的方式。

在实践中，如果委托开发合同双方中没有明确约定研究开发经费的结算方法，一般视为双方按包干使用方法结算。对于经费不足部分，开发人无权要求委托人补充支付，当然委托人也无权要求返还结余费用。

另外，由于研究开发经费是专为研究开发工作使用的，开发人应当按照合同约定本着专款专用的原则，根据开发项目的实际需要，合理有效地使用委托人支付的研究开发经费，不得擅自挪作他用。因而委托人对研究开发经费的情况有权进行必要的监督检查，包括查阅账册和访问现场等。

就委托开发合同中委托人支付条款的约定，示范文本条款如下：

一、甲方应按以下方式支付研究开发经费和报酬：

1. 研究开发经费和报酬总额为__________。

其中：（1）______________________________

（2）______________________________

（3）______________________________

（4）______________________________

2. 研究开发经费由甲方__________（一次、分期或提成）支付乙方。具体支付方式和时间如下：

（1）______________________________

（2）______________________________

（3）______________________________

（4）______________________________

乙方开户银行名称、地址和账号为：

开户银行：________________________

地址：____________________________

账号：____________________________

3. 双方确定，甲方以实施研究开发成果所产生的利益提成支付乙方的研究开发经费和报酬的，乙方有权以________________________________的方式查阅甲方有关的会计账目。

二、本合同的研究开发经费由乙方以____________________

______________________的方式使用。甲方有权以________________________________的方式检查乙方进行研究开发工作和使用研究开发经费的情况，但不得妨碍乙方的正常工作。

签订“研究开发经费和报酬”条款时，建议结合相关的税赋，考虑研究开发经费和报酬合并或分列，可以约定明确的金额，也可以约定具体的计算方式。若双方未就具体研发费用作出明确约定的，根据《技术合同司法解释》第14条规定，对于委托开发经费用及报酬，人民法院可以按照有关技术成果的研究开发成本、先进性、实施转化和应用的程度，当事人享有的权益和承担的责任，以及技术成果的经济效益等因素合理确定。因此，在双方无明确约定的情况下，法院也可以参照相关因素作出判决，但对于主张费用方而言，举证责任较高。

在签订“研究开发经费付款方式及时间”条款时，就该笔款项的支付可以约定按照实际发生费用支付，多退少补；也可以约定包干使用，包干使用的由研究开发人员自负盈亏；也约定提成支付。在科技成果转化过程中，按约定提成支付的方式较为常见，而且也有十分利于委托人与开发人共同努力实现技术成果产业化的目的，但在实践中由于双方对于技术合同法律规定的不了解，容易将投资合作与技术转化混为一谈，导致双方权利和义务不清。建议双方在签订法律关系混合的合同时，对于经费支付的方式应结合技术成果的客观情况及产品市场化的预期，约定实际可行的条款。若约定提成支付的，可以约定开发人有权以“单方委托第三方审计或单方委托会计师查账等”的方式查阅委托人有关的会计账目，且还可以双方协商约定进行查阅的期限。对于该条款的理解，还可以结合阅读本书第七章中案例二的解析作进一步的理解。

在签订经费使用方式及检查方式条款时，建议约定本合同的研究开发经费由开发人以“专款专用”的方式使用，委托人有权以“查阅乙方财务报表、访问调查、现场监督”的方式检查。当然，合同双方也可另行约定合适的方式。

（五）合同变更与转让条款的约定

实践中，委托开发合同双方若协商一致，可以对合同条款进行变更。另外，若经委托人同意，开发人可以将本合同项目部分或全部研究开发工作转让给第三人承担。且双方还可以约定在何种情况下，开发人可不经委托人同意，将部分或工作转让给第三人承担。就合同变更与转让条款的约定，示范文本条款如下：

一、本合同的变更必须由双方协商一致，并以书面形式确定。但有下列情形之一的，一方可以向另一方提出变更合同权利与义务的请求，另一方应当在____日内予以答复；逾期未予答复的，视为同意：

1. ______________________________
2. ______________________________
3. ______________________________
4. ______________________________

二、未经甲方同意，乙方不得将本合同项目部分或全部研究开发工作转让第三人承担。但有下列情况之一的，乙方可以不经甲方同意，将本合同项目部分或全部研究开发工作转让第三人承担：

1. ______________________________
2. ______________________________
3. ______________________________
4. ______________________________

乙方可以转让研究开发工作的具体内容如下：____________
____
____

在实践中，由于技术开发对于研发团队的能力有较高的要求，一般原则上委托人不会同意开发人将研发工作的内容进行转包，但也有研发工作因受实验器材或设备的限制，需要将部分研发工作转包给第三方。为避免合同履行过程中产生纠纷，建议合同双方根据实际情况进行明确约定。

（六）承担技术风险的约定

所谓委托开发合同中的技术风险是指在研究开发过程中，合同一方或者各方已尽力履行合同，但仍因科技知识、认识水平或试验条件等客观因素的限制，出现无法克服的技术困难，致使研究开发全部或者部分失败，无法实现合同约定的预期目的。一项技术开发的失败或者部分失败属于风险，应当具备以下各项条件：

（1）所开发技术本身在国际和国内现有技术水平下具有足够的难度；

（2）研究开发人尽了主观努力；

（3）该领域专家认为研究开发失败属于合理的失败。

就技术开发合同中技术风险的承担，示范文本条款如下：

在本合同履行中，因出现在现有技术水平和条件下难以克服的技术困难，导致研究开发失败或部分失败，并造成一方或双方损失的，双方按如下约定承担风险损失：____

____

____

双方确定，本合同项目的技术风险按____的方式认定。认定技术风险的基本内容应当包括技术风险的存在、范围、程度及损失大小等。认定技术风险的基本条件：

1. 本合同项目在现有技术水平条件下具有足够的难度；

2. 乙方在主观上无过错且经认定研究开发失败为合理的失败。

一方发现技术风险存在并有可能致使研究开发失败或部分失败的情形时，应当在____日内通知另一方并采取适当措施减少损失。逾期未通知并未采取适当措施而致使损失扩大的，应当就扩大的损失承担赔偿责任。

签订本条款时，合同项目的技术风险，建议约定为“双方先友好协商，若协商不成交由甲、乙双方认可的专家或第三方鉴定机构出具报告”的方式认定。同时，对于技术风险通知时间的约定建议为“10 日”内，以避免损失进一步扩大。

（七）关于技术公开的约定

委托开发合同的目的是开发新的技术，如果一项技术在合同履行过程中被第三方公开，那么继续履行该委托开发合同就没有意义。《民法典》第 857 条明确规定，作为技术开发合同的标的技术已经由他人公开，致使技术开发合同的履行没有意义的，合同可以解除。因此，技术公开条款是技术开发合同中的必要条款。适用该条款需满足两个条件。一是技术开发合同标的的技术已经由他人公开，技术标的的公开一般有以下情形：①他人已经将该技术标的申请专利，并履行了专利登记手续；②该技术标的已经由他人研究成功或者从国外引进并可在技术市场上作为商品进行转让；③该技术标的已经在公开发行的技术文献上披露或在展览会上或以其他方式向社会公布，任何人可以从公共情报源取得。二是上述事由已经使得技术开发合同继续履行没有意义。所谓没有意义，是指技术合同如果履行完毕，对委托人已失去意义。

就委托开发合同中技术公开条款的约定，示范文本条款如下：

在本合同履行中，因作为研究开发标的的技术已经由他人公开（包括以专利权方式公开），一方应在____日内通知另一方解除合同。逾期未通知并致使另一方产生损失的，另一方有权要求予以赔偿。

在签订本条款时，对于技术公开后的解除通知时间，即一方应在几日内通知中一方解除合同的约定，建议参考技术合同解除的合理催告期，约定为 30 日内。

（八）保密义务的约定

委托开发合同双方要承担相应的保密义务，需要在委托开发合同中明确约定保密内容、涉密人员范围、保密期限及泄密责任。一般而言，保密内容主要包括技术信息和经营信息。技术信息，是指与技术有关的结构、原料、组分、配方、材料、样品、样式、植物新品种繁殖材料、工艺、方法或其步骤、算法、数据、计算机程序及其有关文档等信息。经营信息，是指与经营活动有关的创意、管理、销售、财务、计划、样本、招投标材料、客户信息和数据等信息。

若一方违反委托开发合同保密义务的，法律规定受到损害的一方可按以下三种方式计算赔偿数额：①按照其因被侵权所受到的实际损失确定；②实际损失难以计算的，按照侵权方因侵权所获得的利益确定；③参照商业秘密许可使用费确定因被侵权所受到的实际损失的，人民法院可根据许可的性质、内容、实际履行情况及侵权行为的性质、情节、后果等因素确定。侵权方恶意实施侵犯商业秘密行为，情节严重的，可以在按照上述方法确定数额的一倍以上五倍以下确定赔偿数额。赔偿数额还应当包括经营者为制止侵权行为所支付的合理开支。

另外，若受损害方因泄密方受到的实际损失、侵权方因侵权所获得的利益难以确定的，由人民法院根据侵权行为的情节（包括但不限于商业秘密的性质、商业价值、研究开发成本、创新程度、能带来的竞争优势及侵权人的主观过错、侵权行为的性质、情节、后果等因素）判决给予一方五百万元以下的法定赔偿。上述损失赔偿数额的计算方式是法律关于违反保密义务的规定，双方可选择上述规定进行约定。另外，双方也可以按本书第二章中“技术合同的主要条款”中“的依据合同违约条款的法律规定来约定”违约金或损失计算方式。

就委托开发合同中保密义务条款的约定，示范文本条款如下：

双方确定因履行本合同应遵守的保密义务如下：

甲方：

1. 保密内容（包括技术信息和经营信息）：______________________________

____

2. 涉密人员范围：______________________________

3. 保密期限：______________________________

____

4. 泄密责任：____

乙方：

1. 保密内容（包括技术信息和经营信息）：____________________

2. 涉密人员范围：____

3. 保密期限：____

4. 泄密责任：____

____

在签订本条款时，双方应根据研究开发项目中的实际需要签订保密条款。由于保密条款的具体约定内容，咨询的问题较多，因此，特提供如下示范约定供借鉴使用：①保密内容约定为“在项目进行过程中获知的对方当事人明确书面告知对方需要保密的技术信息和经营信息”；②涉密人员范围约定为“各方委派的参与本合同项目的参与成员”；③保密期限建议根据项目情况来约定，可以约定为永久保密，也可以至本合同项下委托开发的专利公开或相关秘密公开之日止，或者合同履行期间及合同解除或终止后×年内，具体如何选择主要是基于双方对项目中涉及技术秘密性质而定；④泄密责任可以只是简单地约定“由泄密方承担因此给信息提供方直接造成的实际损失”，但这样约定会使发生纠纷时的举证工作量较大。建议结合项目投入、技术价值，明确约定“若一方违反保密约定的，应支付违约金×××元。若违约金不中足以赔偿损失的，按实际损失予以赔偿”。对于保密义务的违约责任可以在本条中“泄密责任”是进行详细约定，也可以统一在委托开发合同的违约责任条款中进行详细约定。

（九）技术成果交付及验收条款的约定

对于技术成果交付的约定。《民法典》第853条规定，开发人应当按照合同的约定按期完成研究开发工作，并及时将研究开发成果交付给委托人。就交付方式而言，开发人可以采用下列一种或者几种方式提交研究开发成果：①产品设计、工艺规程、材料配方和其他图纸、论文、报告等技术文件；②磁带、磁盘、计算机软件；③动物或植物的新品种，微生物菌种；④样品、样机；⑤成套技术设备。同时，双方还需明确上述研究开发成果交付的时间及地点。法律对具体的时间及地点并无明确的限定，双方可根据实际履行情况予以约定。

对于验收标准的约定。《全国法院知识产权审判工作会议关于审理技术合同纠纷案件若干问题的纪要》（以下简称《技术合同会议纪要》）第25条规定，委托开发合同对技术成果的验收标准没有约定或者约定不明确的，在适用《民法典》第511条规定时，没有国际标准、行业标准或者专业技术标准的，按照本行业合乎实用的一般技术要求履行。合同约定的可行性分析报告中有关经济效益或者成本指标的预测和分析，不作为合同约定的验收标准，但当事人另有约定的除外。

基于上述法律规定，就委托开发合同中技术成果交付及验收条款的约定，示范文本中的约定条款如下：

一、乙方应当按以下方式向甲方交付研究开发成果：

1. 研究开发成果交付的形式及数量：____________________

2. 研究开发成果交付的时间及地点：____________________

二、双方确定，按以下标准及方法对乙方完成的研究开发成果进行验收：____________________

在签订研究开发成果交付的形式及数量条款时，建议明确约定须交付材料的形式及数量。对于纸质材料建议应由开发人盖章确认，交付时应经委托人书面认可；对于涉及算法及软件开发的，注意务必约定要求开发方提交项目源代码。双方应就技术成果的时间及地点作明确的约定。在签订验收条款时，可以先选择约定相关标准。若无统一的标准的，双方可以设定相应的技术指标作为合同的验收标准。如验收标准已在合同中明确的，可以约定为“按照本合同约定的标准和要求，由甲方组织专家小组进行验收，出具书面评审结论，甲方明确验收合格的，则验收通过”，且原则上有关经济效益或成本指标的预测和分析不作为验收标准的要求，但双方另有约定的除外。对于该条款的理解，还可以结合阅读本书第七章中案例六的解析。

（十）承诺技术开发成果不侵权的约定

《民法典》第850条规定，侵害他人技术成果的技术合同无效。在委托开发合同履行过程中，因委托人提供的相关资料或者开发人研发完成的技术成果侵害他人技术成果的，该技术合同无效。根据《技术合同会议纪要》第12条规定，技术合同内容有下列情形的，属于侵害他人技术成果：侵害他人专利权、专利申请权、专利实施权的；侵害他人技术秘密成果使用权、转让权的；侵害他人植物新品种权、植物新品种申请权、植物新品种实施权的；侵害他人计算机软件著作权、集成电路电路布图设计权、新药成果权等技术成果权的；侵害他人发明权、发现权及其他科技成果权的。根据《技术合同司法解释》第11条、12条、13条规定，委托开发合同在履行中因存在侵害他人技术成果而被确认无效的，产生以下法律后果：

（1）委托开发合同的研究开发人已经履行或者部分履行了约定义务，并且造成合同无效的过错在委托人的，对其已履行部分应当收取的研究开发经费，即因委托人原因导致合同无效给开发人造成的损失，由委托人予以赔偿。但若造成合同无效的原因在开发人的，委托人作为无过错方有权要求开发人返还已收取的研究开发经费。

（2）若委托开发合同因侵害他人技术秘密被确认无效，除法律、行政法规另有规定外，善意取得该技术秘密的一方当事人可以在其取得时的范围内继续使用该技术秘密，但应当向权利人支付合理的使用费并承担保密义务。但若系合同双方当事人恶意串通或者一方知道或者应当知道另一方侵权仍与其订立或者履行合同的，属于共同侵权，双方应承担连带赔偿责任和保密义务，不得继续使用该技术秘密。

（3）依照上条规定继续使用技术秘密的人与权利人就使用费支付发生纠纷的，任何一方都可以请求人民法院予以处理。继续使用技术秘密但又拒不支付使用费的，人民法院可以根据权利人的请求判令使用人停止使用。

就委托开发合同中保证技术开发成果不侵权条款的约定，示范文本条款如下：

双方均应当保证其交付给对方的相关技术（包括技术文件及技术成果）均不侵犯任何第三人的合法权益。如发生第三人指控任一方提供或实施的技术侵权，过错方应当________________________________。

在签订本条款时，合同双方以可能发生侵害他人技术成果为假设，预见除合同将被认定为无效外，还会产生委托开发合同双方当事人与权利人之间的三角关系。若无法与权利人协商达成一致，通常需通过司法途径才能予以解决。考虑到法律已就构成对他人侵权的法律后果作出明确规定，因此在约定时无需将相关后果的内容进行抄录，建议仅就产生纠纷时可能产生的司法途径费用如何承担进行约定即可。

建议约定："由过错方承担一切责任，同时无过错方有权选择与权利人达成和解，并由过错方支付和解协议所约定的全部费用，以及因侵权纠纷而遭受的全部损失及费用（包括但不限于诉讼/仲裁费、保全费、执行费、律师费、交通费、通信费、差旅费、对第三方的损害赔偿金、行政处罚罚款、获取该产品或服务相应使用的许可的费用、因停止使用或修改、替换侵权威胁所涉及的产品或服务而遭受的损失等）。"

（十一）技术成果归属及收益的约定

委托开发的技术成果可以约定为研究开发人或委托人一方所有，也可以约定为双方共有（按份/共同）；若双方在合同中未对技术成果的归属做出明确约定，那么如何确定技术成果的归属是一个较为复杂的法律问题，选择技术成果申请专利保护还是作为技术秘密方式处理，会影响技术成果归属的法定界定。

首先，若技术成果约定为专利，根据《民法典》第859条规定，委托开发完成的发明创造，除法律另有规定或者当事人另有约定外，申请专利的权利属于研究开发人。研究开发人取得专利权的，委托人可以依法实施该专利。根据该条规定，具体可以分为以下几种情况：

（1）委托开发合同双方未约定技术成果归属及收益分配的，技术成果的申请专利权属于研究开发人，在专利取得后研究开发人有权自行实施专利，也可以将专利进行对外转让或许可，并单方获得收益。委托人仅获得免费使用（或不具备独立实施的情况下，普通许可一个法人或组织实施的权利），不得对外转让或许可。研究开发人转让专利申请权的，委托人在同等条件下有优先受让的权利。

（2）若技术成果约定申请专利，双方约定申请专利的权利归双方（共同或按比例）共有的，双方可就专利权取得后的使用和有关利益分配方式进行约定。使用与利益分配的比例可以约定为与专利权证登记的权利归属比例一致，也可以不一致。

（3）在专利权为双方共有的情况下，若双方没有就使用权及利益分配进行约定或约定不明确的，并且无法达成补充协议的，双方均享有自己实施该专利的权利，由此所获得的利益归实施人所有。这里需要注意的是，双方仅享有自己实施该专利的权利，除不具备独立实施专利的条件外，不得对外许可或转让。这一规定充分体现了专利独占性的特点。

若双方任一方不具备独立实施专利的条件，根据《技术合同会议纪要》第50条规定，可以选择以下方式实施专利：普通许可的方式许可一个法人或其他组织实施该专利；与一个法人、其他组织或自然人合作实施该专利；通过技术入股与之联营实施该专利，可以作为合同一方自己实施专利。

若技术成果约定以技术秘密方式处理，根据《民法典》第861条规定，委托开发完成的技术秘密成果的使用权、转让权以及收益的分配办法，由合同双方约定；没有约定或者约定不明确，可以签订补充合同；不能签订补充合同的，按照合同的有关条款或者交易习惯确定；仍不能确定的，在没有相同技术方案被授予专利前，双方均有使用和转让的权利，但委托开发的研究开发人在向委托人交付研究开发成果前，不得擅自将研究开发成果转让给第三人。《技术合同司法解释》第20条对“当事人均有使用和转让的权利”作进一步解释，是指研究开发人及委托人均有不经对方同意而自己使用或者以普通使用许可的方式许可他人使用技术秘密，并独占由此所获利益的权利。同时明确，未经对方当事人同意或者追认，研究开发人或委托人将技术秘密成果的转让权让与他人，或者以独占或者排他使用许可的方式许可他人使用技术秘密，应当认定该让与或者许可行为无效。

同时，根据《技术合同司法解释》第21条规定，不具备独立使用技术秘密条件的合同一方，可以以一个普通许可方式许可他人实施或者使用，视为自行使用，但仅能普通许可一个。

基于上述法律规定，就委托开发合同中技术成果归属及收益分配条款的约定，示范文本条款如下：

一、双方确定，因履行本合同所产生的研究开发成果及其相关知识产权权利归属，按下列第______种方式处理：

1. ____________________（甲、乙、双）方享有申请专利的权利。

专利权取得后的使用和有关利益分配方式如下：____________________

2. 按技术秘密方式处理。有关使用和转让的权利归属及由此产生的利益按以下约定处理：

(1) 技术秘密的使用权：____________________

(2) 技术秘密的转让权：____________________

(3) 相关利益的分配办法：____________________

____

双方对本合同有关的知识产权权利归属特别约定如下：__________

____

二、乙方不得在向甲方交付研究开发成果之前，自行将研究开发成果转让给第三人。

在签订本条款时，对于技术成果及其知识产权权利归属约定，根据研究开发成果的保护方式进行选择，如申请专利进行保护的，选择1，如作为技术秘密进行保护的，选择2。若选择申请专利的，可以约定申请专利的权利归双方共同共有、按比例共有或一方所有。若选择以技术秘密方式处理的，建议合同双方应明确约定技术秘密成果的使用权、转让权及收益的分配办法。

就有关知识产权权利归属的特别约定内容，建议对知识产权的归属作明确约定。若约定知识产权归委托人或研究开发人一方所有的，应在合同中明确委托开发形成的知识产权归属委托人或研究开发人一方所有，相应地，申请专利的相关费用一般约定由权利归属方承担。若约定为双方共有的，对专利申请过程中产生的费用（包括但不限于代理费用、专利申请费用、专利申请维持费用及授权后的年费）分摊进行明确约定。关于专利申请权转让后最终未获得专利的，参见第四章中技术（专利申请）转让合同的签订内容。

另外，研究开发人在向委托人交付研究开发成果前，不得将研究开发成果转让给第三人；开发人也不得就同一研究开发课题先后同两个以上的委托人分别订立委托开发合同，重复收取研究开发费用，否则开发人就构成合同欺诈，委托人可以撤销合同。

（十二）研究开发人员权利的约定

根据《民法典》第 849 条规定，完成技术成果的个人享有在有关技术成果文件上写明自己是技术成果完成者的权利和取得荣誉证书、奖励的权利。完成技术成果的人是指对技术成果作出或者共同作出创造性贡献的人，不包括仅提供资金、设备、材料、试验条件的人员，进行组织管理的人员，协助绘制图纸、整理资料、翻译文献等辅助服务人员。技术成果文件是指专利申请书、科学技术奖励申报书、科技成果登记书等确认技术成果完成身份和授予荣誉的证书和文件。奖励是指有关专门机关对完成技术成果的人员给予的一种物质上的鼓励。

就研究开发人员享有权利的约定，示范文本可约定如下条款：

乙方完成本合同项目的研究开发人员，享有在有关技术成果文件上写明技术成果完成者的权利和取得有关荣誉证书、奖励的权利。

（十三）设备、器材、资料等财产归属的约定

委托开发合同在履行过程中，往往会购置新的设备、器材、资料等相关财产。在委托开发合同中，由委托人出资，研究开发人出技术，因此，一般认为所购置的相关财产在合同履行结束后，归属于委托人。但法律对此并没有明确的规定，双方可根据实际情况约定设备、器材和资料等财产的归属。

就设备、器材和资料等财产归属条款的约定，示范文本条款如下：

乙方利用研究开发经费所购置与研究开发工作有关的设备、器材、资料等财产，归______（甲、乙、双）方所有。

（十四）开发人提供技术服务和指导的约定

委托开发合同中研究开发人除了研发完成技术成果外，还有一项十分重要的义务，就是向委托人提供该项新的技术成果如何实施的指导。因此，合同中应约定由开发人提供相应的技术指导或技术服务，包括但不限于设计指导、技术指导、工艺方法指导、技术培训与授课讲座，以确保委托人掌握该技术成果。

就开发人提供技术服务和指导条款的约定，示范文本条款如下：

双方确定，乙方应在向甲方交付研究开发成果后，根据甲方的请求，为甲方指定的人员提供技术指导和培训，或提供与使用该研究开发成果相关的技术服务。

1. 技术服务和指导内容：______

______

2：地点和方式：______

______

3. 费用及支付方式：______

______

在签订本条款时，在技术服务和指导内容部分，请根据实际情况约定。例如，开发人根据委托人要求为委托人的技术人员和主要操作人员提供技术服务和指导，包括设计指导、技术指导、工艺方法指导、技术培训与授课讲座，以确保委托人掌握该技术成果。有关地点和方式，可根据实际情况约定。例如，根据委托人实际需求提供远程或现场提供技术服务，现场服务地点为×××。在费用及支付方式部分，根据双方实际情况予以约定。若技术服务费用已包括在开发费用中，可以约定为服务费用已涵盖在本合同约定的研究开发经费中，委托人无须额外支出。

（十五）违约责任的约定

委托开发合同的违约责任与合同双方应尽的合同义务密切关联，违约责任的承担以过错方违反合同约定义务或法律规定的义务为前提。《民法典》第852条规定，委托开发合同的委托人应当按照约定支付研究开发经费和报酬，提供技术资料，提出研究开发要求，完成协作事项，接受研究开发成果。《民法典》第853条规定，委托开发合同的研究开发人应当按照约定制订和实施研究开发计划，合理使用研究开发经费，按期完成研究开发工作，交付研究开发成果，提供有关的技术资料和必要的技术指导，帮助委托人掌握研究开发成果。《民法典》第854条规定，委托开发合同各方违反约定造成研究开发工作停滞、延误或者失败的，应当承担违约责任。停滞是指研究开发工作由于欠缺某些条件无法继续进行；延误是指研究开发工作不能依合同约定期限进行或完成；失败是指研究开发工作由于欠缺条件不可能再进行下去，即使再进行下去也无法实现开发目的。上述法律对委托开发合同中委托人及研究开发人的应尽义务，所做规定较为宽泛，合同双方当事人为保障研发活动顺利开展，实现开发新技术成果的目的，结合实际情况可以约定双方的履行义务，同时约定相应的违约责任。

就委托开发合同中违约条款的约定，示范文本条款如下：

双方确定：任何一方违反本合同约定，造成研究开发工作停滞、延误或失败的，按以下约定承担违约责任：

1. ______方违反本合同第____条约定，应当____________________
____________________（支付违约金或损失赔偿额的计算方法）。

2. ______方违反本合同第____条约定，应当____________________
____________________（支付违约金或损失赔偿额的计算方法）。

3. ______方违反本合同第____条约定，应当____________________
____________________（支付违约金或损失赔偿额的计算方法）。

4. ______方违反本合同第____条约定，应当____________________
____________________（支付违约金或损失赔偿额的计算方法）。

5. ______方违反本合同第____条约定，应当____________________
____________________（支付违约金或损失赔偿额的计算方法）。

6. ______方违反本合同第____条约定，应当____________________
____________________（支付违约金或损失赔偿额的计算方法）。

在签订本条款时，首先应确保合同顺利履行的主要条款，并针对这些条款约定相应的违约责任。具体违约责任如何承担，可以参见本书第二章中“合同的违约条款”的内容。结合相关法律规定，委托人违反合同约定的事项及相应的违约责任，约定内容如下：

（1）甲方迟延支付研究开发经费、造成研究开发工作停滞、延误的，乙方不承担责任。甲方逾期支付研究开发经费，乙方有权解除合同，甲方应当返还技术资料，支付应付的报酬，并赔偿因此给乙方造成的损失。

（2）甲方未按照合同约定提供技术资料、提出研究开发要求和完成协作事项或者所提供的技术资料、提出研究开发要求和完成协作事项有重大缺陷，导致研究开发工作停滞、延误或者失败的，甲方应当承担违约责任。甲方逾期不提供技术资料、不完成协作事项，拒绝提出研究开发需求的，研究开发人有权解除合同，委托人应当赔偿因此给乙方造成的损失。

（3）甲方逾期不接受研究开发成果的，乙方有权处分研究开发成果，所获得的收益在扣除约定的报酬、违约金和保管费后，退还委托人；乙方所得收益不足以抵偿有关报酬、违约金和保管费的，有权请求甲方赔偿损失。

开发人违反合同约定的事项及相应的违约责任，具体约定内容如下：

（1）乙方未按计划实施研究开发工作的，甲方有权要求其实施研究开发计划并采取补救措施。乙方逾期不实施研究开发计划的，甲方有权解除合同，乙方应当返还研究开发经费，赔偿因此给甲方造成的损失。

（2）乙方将研究开发经费用于履行合同以外的目的的，甲方有权制止并要求其退还相应的经费用于研究开发工作，因此造成研究开发工作停滞、延误或者失败的，乙方应当支付违约金或者赔偿损失。经甲方催告后，乙方逾期未将经费用于研究开发工作的，甲方有权解除合同，乙方应当返还研究开发经费、赔偿因此给委托人造成的损失。

（3）由于乙方的过错，造成研究开发成果不符合合同约定条件的，乙方应当支付违约金或者赔偿损失。造成研究开发工作失败的，乙方应当返还部分或者全部研究开发经费，支付违约金或者赔偿损失。

另外，对于上述违约金的约定金额及赔偿损失，在实务中，大部分的研究单位均选择不明确具体金额及计算方式的方式。待发生纠纷后双方通过协商或交由司法机关裁决处理。建议在具体签订时，根据双方的实际需求，对上述违约情况进行约定。

（十六）后续研究开发成果归属的约定

国家鼓励对科学技术进行持续研发，合同中约定限制技术研发或不对等交换改进技术均属于非法垄断技术的行为，将导致合同相关条款认定为无效。《民法典》第 844 条规定，订立技术合同，应当有利于知识产权的保护和科学技术的进步，促进科学技术成果的研发、转化、应用和推广。根据《技术合同司法解释》第 16 条的规定，合同双方均可在委托开发合同的技术成果基础上进行后续改进，可以就后续的新技术成果的归属进行约定。若权属约定有比例的，视为共同所有，其权利使用和利益分配也参照权属比例进行分配。若双方未作明确约定，各自对后续开发的技术成果各自享有所有权，其他方无权分享。就委托开发合同中后续研究开发成果归属条款的约定，示范文本条款如下：

双方确定，甲方有权利用乙方按照本合同约定提供的研究开发成果，进行后续改进。由此产生的具有实质性或创造性技术进步特征的新的技术成果及其权属，由________（甲、乙、双）方享有。具体相关利益的分配办法如下：____________________________。

乙方有权在完成本合同约定的研究开发工作后，利用该项研究开发成果进行后续改进。由此产生的具有实质性或创造性技术进步特征的新的技术成果，归________（甲、乙、双）方所有。具体相关利益的分配办法如下：____________________________

在签订本条款时，建议双方根据项目实际情况进行约定。若双方未作明确约定，各自对后续开发的技术成果各自享有所有权，其他各方无权分享。建议对新的技术成果及其权属约定为双方共享，若一方不同意，可以约定为一方所有，另一方可享有同等条件下的优先使用权。对于后续研究开发成果的归属约定应避免构成非法垄断技术的约定，就非法垄断技术的类型，参阅第二章“技术合同的效力”中非法垄断技术的技术合同无效的内容。

（十七）指定项目联系人的约定

就委托开发合同指定项目联系人，对合同履行中相关技术材料的收讫，以及相关问题的沟通都十分重要，也是发生纠纷时掌握合同履行细节的关键人。委托人和开发人应在合同中就各自项目的联系人做出指定，明确其具体负责的相关事宜。就指定项目联系人条款的约定，示范文本条款如下：

双方确定，在本合同有效期内，甲方指定________为甲方项目联系人，乙方指定________为乙方项目联系人。项目联系人承担以下责任：

1. ____________________________
2. ____________________________
3. ____________________________

一方变更项目联系人的，应当及时以书面形式通知另一方。未及时通知并影响本合同履行或造成损失的，应承担相应的责任。

在签订本条款时，可以约定项目联系人承担以下事务：

(1) 对该合同各条款相关事宜及时进行沟通。

(2) 沟通协调项目推进遇到的问题，按进度推进工作履行各自义务。

(3) 项目进展沟通交流，就重大事项呈报各自单位审批确定等。具体内容双方可根据项目实际情况予以修改。

(十八) 合同解除的约定

不可抗力条款发生时，合同双方均无需承担违约责任，合同可予以解除。另外，当出现技术风险时，合同也可予以解除。根据《技术合同会议纪要》第27条规定，有下列情况之一，使技术合同的履行成为不必要或者不可能时，合同一方可以基于一方迟延履行债务或者有其他违约行为致使不能实现合同目的为由，解除合同：

(1) 因一方违约致使履行合同必备的物质条件灭失或者严重破坏，无法替代或者修复的。

(2) 技术合同标的的项目或者技术因违背科学规律或者存在重大缺陷，无法达到约定的技术、经济效益指标的。

就合同解除的约定，示范文本条款如下：

双方确定，出现下列情形，致使本合同的履行成为不必要或不可能的，一方可以通知另一方解除本合同：

1. 因发生不可抗力或技术风险；

2. ______________________________

3. ______________________________

在签订本条款时，可在2、3项约定：因一方违约导致履行合同必备的物质条件灭失或者严重破坏，无法替代或者修复的；技术合同标的的项目或者技术因违背科学规律或者存在重大缺陷，无法达到约定的技术、经济效益指标的。除可以约定上述法律文件规定的情形外，本条款也可以根据实际情况增加其他情形。

（十九）争议解决条款的约定

合同中的争议解决条款，是就双方合同履行过程中发生争议且无法能过自行协商解决时，双方按争议解决条款约定选择处理纠纷的机构和区域的约定，一般有仲裁和法院审理两种解决方式。两者的区别在于：

（1）审理程序不同，仲裁为一裁终局，而法院诉讼是二审终审，同时还可以提起再审；从审理程序上看，仲裁处理时间比法院审理时间短。

（2）从案件是否公开而言，仲裁案件审理为不公开审理方式；而诉讼案件一般为公开审理。若案件符合不公开审理的条件（如涉及技术秘密等）的，也可申请不公开审理。

（3）费用对比，仲裁案件的受理费比法院一审诉讼费用要高，但若案件经历一审二审，合计的相关的诉讼费用会比仲裁费用高。

就委托开发合同中争议解决条款的约定，示范文本条款如下：

双方因履行本合同而发生的争议，应协商、调解解决。协商、调解不成的，确定按以下第______种方式处理：

1. 提交____________________仲裁委员会仲裁；

2. 依法向人民法院起诉。

在签订本条款时，需结合本项目的实际情况，综合考虑后对争议处理方式进行约定。关于争议解决条款的约定内容，可参阅本书第二章“技术合同的主要条款”中合同的争议解决条款。应注意，对于技术合同纠纷若选择人民法院起诉，一般由中级以上人民法院管辖。

（二十）相关术语、组成文件及其他事项的约定

委托开发合同中，还可对合同所涉及有关名词和技术术语、合同附件包含内容，特别是技术文件等做出相应的约定。就该部分内容，示范文本条款如下：

一、双方确定：本合同及相关附件中所涉及的有关名词和技术术语，其定义和解释如下：

1. ______________________________

2. ______________________________

3. ______________________________

4. ______________________________

5. ______________________________

二、与履行本合同有关的下列技术文件，经双方确认后，__________为本合同的组成部分：

1. 技术背景资料：______________________

2. 可行性论证报告：____________________

3. 技术评价报告：______________________

4. 技术标准和规范：____________________

5. 原始设计和工艺文件：________________

6. 其他：______________________________

三、双方约定本合同其他相关事项：______________________。

在签订本条款时，就尚未标准化或通常惯例的名词、技术术语要作明确约定和解释，以防止合同条款理解上的歧义或误解。技术合同有别于其他合同的特点在于它的技术性，相关技术文件是技术合同不可或缺的核心内容。此外，示范文本特别留了其他相关事项的补充约定条款，双方可就文本中未考虑到的内容，在这里予以约定。

四、技术开发（合作）合同的签订

合作开发合同与委托开发合同一方出资另一方出技术不同，合作开发合同的主体各方既投入资金又参与技术研发，因此，合作开发合同在签订主体、各方权利和义务、技术成果归属及违约责任等约定内容方面与委托开发合同有较大差别。为了便于大家了解合作开发合同的各方权利和义务，避免因合同约定不清而产生不必要的纠纷，本书就合作开发合同的主要条款列举如下：

（1）合作开发合同签订主体的约定。

（2）合作开发合同标的约定。

（3）合作各方权利和义务的约定。

（4）支付经费或者供其他投资的约定。

（5）合同变更与转让的约定。

（6）技术风险承担的约定。

（7）技术公开的约定。

（8）保密义务的约定。

（9）技术成果交付及验收条款的约定。

（10）阶段性技术成果及其相关知识产权权利归属的约定。

（11）最终研究开发技术成果及其相关知识产权归属的约定。

（12）研究开发人员享有权利的约定。

（13）设备、器材和资料等财产归属的约定。

（14）违约责任的约定。

（15）后续研究开发成果归属的约定。

（16）指定项目联系人的约定。

（17）合同解除的约定。

（18）争议解决的约定。

（19）相关术语、组成文件及其他事项的约定。

（一）合作开发合同签订主体的约定

合作开发合同的签订主体均是能够利用自己的技术力量从事技术开发的组织或个人。如果合同当事人有一方不存在利用自己技术能力进行履行合同的情况，则该合同不属于合作开发合同，相关的权利和义务及研发成果的归属等就不能按合作开发合同性质处理。因此，在签订合作开发合同时，主体不符合同签订的要求，合同的性质就会发生变化，相应的法律后果也会根据实际的合同性质发生变化。关于合同主体的条款，在合同开始部分，以如下条款形式进行约定：

甲方（合作方）：____________________

乙方（合作方）：____________________

丙方（合作方）：____________________

在签订本条款时，若主体为法人或非法人组织请填写企业全称，企业经营地址及法定代表人姓名；若主体为自然人需要填写姓名全名，并填写个人身份证号码及详细的联系地址、联络方式。

（二）合作开发合同标的约定

合作开发合同的标的与委托开发合同标的相同，均需要具备创造性、新颖性，且“项目名称”“技术目标”等内容的约定均与合同标的相关。因此，就合作开发合同标的的约定，示范文本条款如下：

本合同研究开发项目的要求如下：

1. 技术目标：____________________

2. 技术内容：____________________

3. 技术方法和路线：____________________

本条款与上文委托开发合同中“（一）关于技术开发（委托）合同标的的约定”的条款相同，具体签订时可参考委托开发合同中该条款签订的释明。

（三）合作各方权利和义务的约定

合作开发是指各方共同投资和共同劳动为基础，各方在合作研究中的配合是取得研究开发成果的关键。《民法典》第855条规定，合作开发合同各方应当按照合同约定进行投资，包括以技术进行投资，分工参与研究开发工作，协作配合研究开发工作，保证研究开发工作的顺利进行。所谓按照合同约定分工参与研究开发工作，是指按照约定的计划和分工共同或者分别承担设计、工艺、试验和试制等工作。换言之，合作各方除了出资进行投资，还须出人直接参与研究开发工作。若一方提供资金，另一方提供研究开发工作，则不属于合作开发合同，而属于委托开发合同。另外，合同各方还应就相关技术资料和条件的约定进行明确。就合作开发合同中各方义务条款的约定，示范文本条款如下：

一、本合同合作各方在研究开发项目中，分工承担如下工作：

甲方：

1. 研究开发内容：______

2. 工作进度：______

3. 研究开发期限：______

4. 研究开发地点：______

乙方：

1. 研究开发内容：______

2. 工作进度：______

3. 研究开发期限：______

4. 研究开发地点：______

丙方：

1. 研究开发内容：______

2. 工作进度：______

3. 研究开发期限：______

4. 研究开发地点：______

二、为确保本合同的全面履行，合作各方确定，采取以下方式对研究开发工作进行组织管理和协调：______

三、合作各方确定，各自为本合同项目的研究开发工作提供以下技术资料和条件：

甲方：______

乙方：______

丙方：____

本合同履行完毕后，上述技术资料和条件按以下方式处理：__________

____

在签订本条款时，建议根据实际情况约定相关条款。对于第一条具体研发内容上，建议在条款中就具体项目的工作进度作明确约定，例如："1. ××年××月××日前，甲（乙、丙）方应完成××工作任务，提交××工作成果；2. ××年××月××日前，甲（乙、丙）方应完成××工作任务，提交××工作成果；3. ××年××月××日前，甲（乙、丙）方应完成××工作任务，提交××工作成果。"

对于第二条各方协作配合研究开发的工作，建议可以根据《民法典》第855条的规定，约定成立各方代表组成的指导机构，对研究工作中的重大问题进行决策、协调和组织研究开发活动，以保证研究开发工作的顺利进行。

对于第三条提供技术资料及条件方面，建议应明确约定各方提供相关资料的内容范围、提供时间及方式，并且对其他协作事项予以细化约定。例如，明确约定："本合同生效后15个工作日内，以邮件或纸质方式提供。"同时，针对各方提供的涉及保密的材料，应在邮件中注明"内部资料，不得外泄"，在纸质材料显著位置标记"内部资料，不得外泄"等。对于"合同履行完毕后，上述资料的交还方式"，一般可以约定：若是以纸本或其"载体的形式予以交付的，可约定为"于合同履行完毕之日起____日内，交付给提供方"；若以电子形式交付的，可约定为"于合同履行完毕之日起____日内，由各方自行予以销毁，并提供书面销毁证明，各方不得自留或复制"。具体内容可以根据实际情况予以约定。

（四）支付经费或提供其他投资的约定

合作开发合同各方的投资，是指合同各方以资金、设备、材料、场地、试验条件、技术情报资料、专利权、技术秘密成果等方式对研究开发项目所做的投入。需要注意的是，按照合同的约定进行共同投资，也包括以资金以外的形式进行投资。因此，合作开发合同各方的投资，采取资金以外的形式进行投资的，应当折算成相应的金额，明确各方在投资中所占的比例。合同各方出资方中以技术（包括专利技术和技术秘密）作为出资的，应注意两个问题：一是在合同中写明如果发生知识产权纠纷，由以技术作为出资的一方承担全部责任；二是确定作为出资的技术的合理价格，如果涉及国有资产投入的企业一般须由中介机构出具资产评估报告，其他的可以由当事人自由约定。❶

另外，以技术作为出资的一方，若发生其提供的技术侵犯第三人知识产权的，首先应由合作各方共同对外承担责任，然后合作各方再向以技术出资的一方追偿；若该技术被禁止使用的，技术资方应重新出资或者承担违约责任、支付违约金，因此造成损失的，还应赔偿其他各方的损失。就支付经费或提供其他投资条款的约定，示范文本条款如下：

合作各方确定，按如下方式提供或支付本合同项目的研究开发经费及其他投资：

甲方：

1. 提供或支付方式：________________

2. 支付或折算为技术投资的金额：________________

3. 使用方式：________________

乙方：

1. 提供或支付方式：________________

2. 支付或折算为技术投资的金额：________________

3. 使用方式：________________

丙方：

1. 提供或支付方式：________________

2. 支付或折算为技术投资的金额：________________

❶ 最高人民法院民法典贯彻实施工作领导小组．中华人民共和国民法典合同编理解与适用（四）［M］．北京：人民法院出版社，2020：2262.

3. 使用方式：________________________________

以提供技术为投资的合作方应保证其所提供技术不侵犯任何第三人的合法权益。如发生第三人指控合作一方或多方因实施该项技术而侵权的，提供技术方应当________________________________

在签订本条款时，合作开发合同的各方应根据实际投入情况进行约定。若合同各方出资方中以技术（包括专利技术和技术秘密）作为出资的，应注意两个问题：一是在合同中应写明如果发生知识产权纠纷，由以技术作为出资的一方承担全部责任；二是确定作为出资的技术的合理价格，一般由中介机构（国资）评估，也可以由当事人自由约定。另外，如果以技术作价出资的话，建议在该条款中约定："若发生第三人指控合作一方或多方因实施该技术而侵权的，提供技术方应当向第三人承担因侵权所造成的全部损失。同时，由此给其他合作方造成损失的，也应予以全部赔偿。"这里的损失可以包括诉讼费、律师费及其他合理的应诉费用。

（五）合同变更与转让的约定

实践中，合作开发合同各方若协商一致，可以对合同条款进行变更；另外，若经各方协商一致，开发人可以将本合同项目部分或全部研究开发工作转让给第三方承担，且各方可以约定在何种情况下，可不经各方同意，将部分或工作转让给第三方承担。就合同变更与转让条款的约定，示范文本条款如下：

一、本合同的变更必须由合作各方协商一致，并以书面形式确定。但有下列情形之一的，合作一方或多方可以向其他合作方提出变更合同权利与义务的请求，其他合作方应当在____日内予以答复；逾期未予答复的，视为同意：

1. ________________________________

2. ________________________________

3. ________________________________

4. ______________________________

二、未经其他合作方同意，合作一方或多方不得将本合同项目部分或全部研究开发工作转让给第三方承担。但有下列情况之一的，合作一方或多方可以不经其他合作方同意，将本合同项目部分或全部研究开发工作转让给第三方承担：

1. ______________________________

2. ______________________________

3. ______________________________

合作一方或多方可以转让的具体内容：______________

在签订本条款时，应注意合作开发与委托开发不同，合作各方在确定合作前，对彼此可能在项目中的贡献均会有较为清晰的沟通，一般情况下不必再将项目内容转包给第三人。原则上，各方不会同意将研发工作的内容进行转包，但也有研发工作因受实验器材或设备的限制，需要将部分研发工作转包给第三方。为避免合同履行过程中产生纠纷，建议合同各方根据实际情况进行明确约定。

（六）承担技术风险的约定

合作开发合同承担技术风险的约定与委托开发合同中的内容相同，具体参考委托开发合同中“（六）承担技术风险的约定”的内容。就合作开发合同中技术风险的承担，示范文本条款如下：

在本合同履行中，因出现在现有技术水平和条件下难以克服的技术困难，导致研究开发失败或部分失败，并造成合作一方或多方损失的，合作各方约定按以下方式承担风险损失：

1. ______________________________

2. ______________________________

3. ______________________________

合作各方确定，本合同项目的技术风险按______________方式认定。认定技术风险的基本内容应当包括技术风险的存在、范围、程度及损失大小等。认定技术风险的基本条件：

1. 本合同项目在现有技术水平条件下具有足够的难度；

2. 乙方在主观上无过错且经认定研究开发失败为合理的失败。

一方发现技术风险存在并有可能致使研究开发失败或部分失败的情形时，应当在____日内通知其他合作方并采取适当措施减少损失。逾期未通知并未采取适当措施而致使损失扩大的，应当就扩大的损失承担赔偿责任。

在约定各方承担风险损失的条款时，可以约定："在各方均无过错及违约行为的情况下，各方各自承担已方投入的损失。"如我方投入大于其他方的，可以约定："在各方均无过错及违约行为的情况下，各方平均承担。"另外，对本合同项目的技术风险按"各方先友好协商，若协商不成交由各方认可的专家或第三方鉴定机构出具报告"的方式认定。对于通知时间的约定建议为30日。

（七）关于技术公开的约定

合作开发合同的技术公开约定与委托开发合同中一致的，可参考委托开发合同中"（七）关于技术开发的约定"的内容。就合作开发合同中技术公开条款的约定，示范文本条款如下：

在本合同履行过程中，因作为研究开发标的的技术已经由他人公开（包括以专利权方式公开），合作一方或多方应在____日内通知其他合作方解除合同。逾期未通知并致使其他合作方产生损失的，其他合作方有权要求予以赔偿。

在签订该条款时，对于一方或多方应在几日内通知中其他合作方解除合同，可以参考技术合同解除的合理催告期，建议约定在30日内。

（八）保密义务的约定

关于各方保密义务的约定，即保密内容、涉密人员范围、保密期限和泄密责任的内容，以及实务中就违反保密义务所需赔偿金的计算方式，合作开发合同中的条款解读与委托开发合同中一致的，可参考委托开发合同中“（八）保密义务的约定”内容。

就合作开发合同中保密义务条款的约定，示范文本条款如下：

合作各方确定因履行本合同应遵守的保密义务如下：

甲方：

1. 保密内容（包括技术信息和经营信息）：________

2. 涉密人员范围：________

3. 保密期限：________

4. 泄密责任：________

乙方：

1. 保密内容（包括技术信息和经营信息）：________

2. 涉密人员范围：________

3. 保密期限：________

4. 泄密责任：________

丙方：

1. 保密内容（包括技术信息和经营信息）：________

2. 涉密人员范围：________

3. 保密期限：________

4. 泄密责任：________

在签订本条款时，建议做如下约定：

（1）保密内容。建议约定为“在项目进行过程中获知的其他方当事人明确书面告知己方需要保密的技术信息和经营信息”。

（2）涉密人员范围。我方涉密人员建议约定为“我方委派的参与本合同项目的参与成员”，而将其他方涉密人员的范围确定为“直接或间接涉及本合同技术的全部人员”。

(3) 保密期限。建议相关期限根据项目情况来约定，可以约定为“永久保密”，或者“至本合同项下委托开发的专利公开或相关秘密公开之日止”，或者“合同履行期间及合同解除或终止后3年内”。具体如何选择，主要是看合同各方对于保密的范围及时间的要求，据实选择。

(4) 泄密责任。可以参照法条规定进行约定，建议约定由“泄密方承担因此给信息提供方直接造成的实际损失”；但同时考虑实际损失取证难度大及相应技术投入的程度，对项目投入大、技术价值高的，建议约定为“泄密方应向其他方支付违约金××万元，并赔偿其他方因此遭受的损失”。对于保密义务的违约责任，可以在本条的“泄密责任”中进行详细约定，也可以统一在委托开发合同的违约责任条款中进行详细约定。

(九) 技术成果交付及验收条款的约定

合作开发合同的各方就技术成果交付及验收标准的约定内容与委托开发合同中一致，可参考委托开发合同中“(九) 技术成果交付及验收条款的约定”的内容。就合作开发合同中技术成果交付及验收条款的约定，示范文本中的约定条款如下：

一、合作各方确定按以下方式交付研究开发成果：

甲方：

1. 研究开发成果交付的形式及数量：______________________

2. 研究开发成果交付的时间及地点：______________________

乙方：

1. 研究开发成果交付的形式及数量：______________________

2. 研究开发成果交付的时间及地点：______________________

丙方：

1. 研究开发成果交付的形式及数量：______________________

2. 研究开发成果交付的时间及地点：______________________

二、合作各方确定，按以下标准及方法对合作一方完成的研究开发工作成果进行验收：

甲方：________________________________

乙方：________________________________

丙方：________________________________

三、合作各方确定，按以下标准及方法对本合同最终完成的研究开发工作成果进行验收：________________________

在签订本条款时，建议明确约定须交付材料的形式及数量。对于纸质材料，建议应由开发人盖章确认，交付时应经收件人书面认可；对于涉及算法及软件开发的，注意务必约定要求开发方提交项目源代码。各方应就技术成果的时间及地点作明确的约定。关于验收条款，可以先选择约定相关标准。若无统一标准的，双方可以设定相应的技术指标作为合同的验收标准。如验收标准已在合同中明确的，可以约定为"按照本合同约定的标准和要求，由组织专家小组进行验收，出具书面评审结论，验收合格的则验收通过"。另外，有关经济效益或成本指标的预测和分析原则上不作为验收标准的要求，但双方另有约定的除外。对于该条款的理解，还可以结合阅读本书第七章中案例六的解析作进一步的理解。

(十) 阶段性技术成果及其相关知识产权权利归属的约定

关于合作开发合同中各方独立完成的阶段性技术成果及其相关知识产权权属的约定，由合作各方协商确定。若未达成约定或约定不明确的，独立完成的各方或共同完成的合作方均有申请专利的权利，相关的利益由实际完成方或合作方享受。在没有相同技术方案被授予专利前，即作为技术秘密处理时，独立完成方或共同合作方均有使用和转让的权利。

就阶段性技术成果及其相关知识产权权利归属条款的约定，示范文本条款如下：

一、合作各方确定，因履行本合同所产生并由合作各方分别独立完成的阶段性技术成果及其相关知识产权权利归属，按第____种方式处理：

1. __________（完成方、合作各方）方享有申请专利的权利。

专利权取得后的使用和有关利益分配方式如下：____。

2. 按技术秘密方式处理。有关使用和转让的权利归属及由此产生的利益按以下约定处理：

（1）技术秘密的使用权：________________

（2）技术秘密的转让权：________________

（3）相关利益的分配办法：________________

合作各方对因履行本合同所产生并由合作各方分别独立完成的阶段性技术成果及其相关知识产权权利归属，特别约定如下：________________

在签订本条款时，建议合作各方就阶段性技术成果进行区分。若技术之间存在相关交叉，建议约定为共同所有或按比例共有。

（十一）最终研究开发技术成果及其相关知识产权归属的约定

《民法典》第860条规定，就合作开发完成的发明创造，申请专利的权利属于合作各方共有；合同一方转让其共有专利申请权的，其他各方享有以同等条件优先受让的权利，但是当事人另有约定的除外。合作一方声明放弃其共有的专利申请权的，除各方另有约定外，可以由另一方单独申请或者其他各方共同申请。申请人取得专利权的，放弃专利申请权的一方可以免费实施该专利。若合作一方不同意申请专利的，则另一方或者其他各方不得申请专利。合作开发的技术成果以技术秘密的方式处理，当事人另有约定的除外。

《民法典》第861条规定，合作开发完成的技术秘密成果的使用权、转让权及收益的分配办法，由合作各方约定；没有约定或者约定不明确的，可以协议补充；不能达成补充协议的，按照合同相关条款或者交易习惯确定。若仍不能确定的，在没有相同技术方案被授予专利前，合作各方均有使用和转让的权利。根据《技术合同司法解释》第21条规定，当事人均有使用和转让的权利，是指当事人均有不经对方同意而自己使用或者以普通方式使用许可的方式许可他们使用技术秘密，并独占由此所获利益的权利。当事人将技术秘密成果的转让权让与他人，或者以独占或排他使用许可的方式许可他人使用技术秘密，未经合作各方同意或者追认的，应当认定该让与或者许可行为无效。

就合作开发合同中最终研究开发技术成果及其相关知识产权权利归属条款的约定，示范文本条款如下：

合作各方确定，因履行本合同所产生的最终研究开发技术成果及其相关知识产权权利归属，按第____种方式处理：

1. __________方享有申请专利的权利。

专利权取得后的使用和有关利益分配方式如下：____________________

____

2. 按技术秘密方式处理。有关使用和转让的权利归属及由此产生的利益按以下约定处理：

（1）技术秘密的使用权：______________________________

（2）技术秘密的转让权：______________________________

（3）相关利益的分配办法：____________________________

合作各方对因履行本合同所产生的最终研究开发技术成果及其相关知识产权权利归属，特别约定如下：______________________________

在签订本条款时，可根据实际需要约定研究开发成果的保护方式。若需要申请专利保护的，则在实践中合作各方可以就技术成果的归属及收益作如下几种约定：①约定研究成果的专利申请权为一方所有，但享有专利申请权的一方对另一方作出适当补偿；②约定向合同外第三方转让研究成果的，应经合作各方协商一致，由此获得的收益由各方共享；③合作各方还可以在合同中约定技术成果的分享份额及各自享有的专利申请权；④约定由合作一方享有对合作开发成果的独占使用权或转让权，但取得权利的一方对其他各方支付约定的价金；⑤合作各方自己实施或者视为自己实施所获利益享有独占权；否则在没有相同技术方案被授予专利前（按技术秘密处理)，合作各方均有使用和转让的权利。

（十二）研究开发人员享有权利的约定

合作开发合同的研究开发人员享有权利的约定与委托开发合同的内容相同，具体可参考委托开发合同“（十一）关于研究开发人员应有权利条款的约定”的内容。就研究开发人员享有权利的约定，示范文本可约定如下条款：

合作各方分别独立完成并与履行本合同有关的阶段性技术成果的研究开发人员，享有在有关此阶段性技术成果文件上写明技术成果完成者的权利和取得有关荣誉证书、奖励的权利。

合作各方应以协商方式确定最终研究成果的完成人员名单。此完成人员享有在有关最终技术成果文件上写明技术成果完成者的权利和取得有关荣誉证书、奖励的权利。

（十三）设备、器材和资料等财产归属的约定

合作开发合同各方可根据实际情况约定设备、器材和资料等财产的归属条款，一般“按谁投入归谁”的原则。若为合作各方共同购置的设备、器材等情况的，可约定设备、器材等归一方所有，获得财产方以现金或其他方式补偿其他共同投入方。就设备、器材和资料等财产归属条款的约定，示范文本条款如下：

合作一方或多方利用共同投资的研究开发经费所购置与研究开发工作有关的设备、器材、资料等财产，归________________方所有。

（十四）违约责任的约定

《民法典》第856条规定，合作各方违反约定造成研究开发工作停滞、延误或者失败的，应当承担违约责任。合作开发各方的违约责任的构成要

件有三个：一是有违约行为，实施不按约投资、不按约分工参与研究开发工作、不按约协作配合研究开发工作等行为；二是研究开发工作停滞、延误或者失败的事实；三是违约行为与损害事实之间有直接的因果关系。

就合作开发合同中违约条款的约定，示范文本条款如下：

合作各方确定：任何一方或多方违反本合同约定义务，造成其他合作方研究开发工作停滞、延误或失败的，应当按以下约定承担违约责任：

甲方：

1. 违反本合同第____条约定，应当____（支付违约金或损失赔偿额的计算方法）。

2. 违反本合同第____条约定，应当____（支付违约金或损失赔偿额的计算方法）。

3. 违反本合同第____条约定，应当____（支付违约金或损失赔偿额的计算方法）。

乙方：

1. 违反本合同第____条约定，应当____（支付违约金或损失赔偿额的计算方法）。

2. 违反本合同第____条约定，应当____（支付违约金或损失赔偿额的计算方法）。

3. 违反本合同第____条约定，应当____（支付违约金或损失赔偿额的计算方法）。

丙方：

1. 违反本合同第____条约定，应当____（支付违约金或损失赔偿额的计算方法）。

2. 违反本合同第____条约定，应当____（支付违约金或损失赔偿额的计算方法）。

3. 违反本合同第____条约定，应当____（支付违约金或损失赔偿额的计算方法）。

在签订本条款时，首先应确保合同中的主要条款，并针对这些条款约定相应的违约责任。具体违约责任如何承担，可以参见本书第二章中“合同的违约条款”的内容。结合相关法律规定，委托人违反合同约定的事项及相应的违约责任，约定内容参见如下：

（1）对于不履行投资义务的一方或多方，其他合作各方可以请求其履行投资义务。因一方迟延履行投资义务，导致开发工作停滞、延误或者失败的，违约方应向守约方支付违约金或赔偿损失。如果一方逾期不进行投资或明确拒绝继续投资的，其他合作各方可以拒绝其继续参加合作开发工作，对于其在开发中已花费的费用依合同约定的比例分摊。

（2）对于合同一方不正确履行合同的约定分工或不正确地协作配合研究开发工作的，其他合作方可以要求其采取补救措施继续履行合同。如果其仍不履行的，其他各方可以拒绝其继续参加研究开发工作，且该方应当赔偿其他各方遭受的损失。

（3）退出研究开发工作的人或合同各方投入合同中的技术秘密、技术情报资料或开发出的技术秘密负有保密义务，违反该义务应当赔偿其他合作各方的损失。

（4）在履行合作开发合同过程中，违反合同个别规定，但情节轻微或及时纠正，并对研究开发工作造成消极影响的，不构成违约责任。

（十五）后续研究开发成果归属的约定

根据《民法典》第 875 条规定，合作开发合同各方未对后续研究开发成果归属作明确约定的，对后续开发的技术成果各自享有，其他各方无权分享。合作开发合同各方就后续新技术成果归属进行约定的，若权属约定有比例的，视为共同所有，其权利使用和利益分配参照权属比例进行分配。就合作开发合同中后续研究开发成果归属条款的约定，示范文本条款如下：

合作各方确定，任何一方有权利用本合同项目研究开发所完成的技术成果，进行后续改进。由此产生的具有实质性或创造性技术进步特征的新的技术成果，归__________（完成方、合作各方）方所有。具体相关利益

的分配办法如下：____

在签订本条款时，对于后续研究开发成果的归属的约定应避免构成非法垄断技术的约定，就非法垄断技术的类型，请参阅第二章“技术合同的效力”中非法垄断技术的技术合同无效的内容。

(十六) 指定项目联系人的约定

合作开发合同的指定项目联系人，关系到合作过程中各方就相关开发事宜的沟通、接收资料，是记录合同履行过程中的直接责任人。与合作开发合同中的指定项目联系人的作用十分相似。合同各方应在合同中就各自项目联系人做出指定，明确其具体负责的相关事宜。就指定项目联系人条款的约定，示范文本条款如下：

为有效履行本合同，合作各方确定，在本合同有效期内，甲方指定__________为甲方项目联系人，乙方指定__________为乙方项目联系人，丙方指定__________为丙方项目联系人。项目联系人承担以下责任：

1. ____
2. ____
3. ____

一方变更项目联系人的，应当及时并以书面形式通知其他合作各方。未及时通知并影响本合同履行或造成损失的，应承担相应的责任。

在签订本条款时，可以约定项目联系人承担以下事务：① 对该合同各条款相关事宜及时进行沟通；② 沟通协调项目推进遇到的问题，按进度推进工作履行各自义务；③ 项目进展沟通交流，就重大事项呈报各自单位审批确定等。具体内容双方可根据项目实际情况予以修改。

(十七) 合同解除的约定

合作开发合同的合同解除的约定与委托开发合同中一致的，可参考委托开发合同中“(十八) 合同解除的约定”的内容。就合作开发合同中合同解除的约定，示范文本条款如下：

合作各方确定，出现下列情形，致使本合同的履行成为不必要或不可能的，可以解除本合同：

1. 因发生不可抗力和技术风险；

2. ______________________________

3. ______________________________

(十八) 争议解决条款的约定

合作开发合同的争议解决条款的约定与委托开发合同中一致的，可参考委托开发合同中“(十九) 争议解决条款的约定”的内容。就合作开发合同中争议解决条款的约定，示范文本条款如下：

合作各方因履行本合同而发生的争议，应协商、调解解决。协商、调解不成的，确定按以下第____种方式处理：

1. 提交____________________仲裁委员会仲裁；

2. 依法向人民法院起诉。

(十九) 相关术语、组成文件及其他事项的约定

合作开发合同的相关术语、组成文件及其他事项的约定与委托开发合同中相同，可参考委托开发合同中“(二十) 相关术语、组成文件及其他事项的约定”的内容。就合作开发合同中技术公开条款的约定，示范文本条款如下：

一、合作各方确定：本合同及相关附件中所涉及的有关名词和技术术语，其定义和解释如下：

1. ______________________________

2. ______________________________

3. ______________________________

4. ____________________

5. ____________________

二、与履行本合同有关的下列技术文件，经合作各方确认后为本合同的组成部分：

1. 技术背景资料：____________________
2. 可行性论证报告：____________________
3. 技术评价报告：____________________
4. 技术标准和规范：____________________
5. 原始设计和工艺文件：____________________
6. 其他：____________________

____

三、合作各方约定本合同其他相关事项为____________________

第四章 技术转让合同

一、技术转让合同的定义

《民法典》第 862 条规定，技术转让合同是合法拥有技术的权利人，将现有特定的专利、专利申请、技术秘密的相关权利让与他人所订立的合同。在技术转让合同中，关于提供实施技术的专用设备、原材料或者提供有关的技术咨询、技术服务的约定，属于合同的组成部分。在司法实践中，订立专利转让合同或者专利申请权转让合同前，让与人已经实施发明创造，在合同生效后，受让人要求让与人停止实施的，法院予以支持，但合同双方另有约定的除外。另外，让与人与受让人订立的专利权、专利申请权转让合同，不影响在合同成立前让与人与他人订立的相关专利实施许可合同的效力。

二、技术转让合同的分类

《民法典》第 863 条规定，技术转让合同包括专利权转让、专利申请权转让、技术秘密转让等合同。专利权转让合同，是指专利权人作为让与人将其专利的所有权让与受让人，受让人支付约定价款所订立的合同。专利申请权转让合同，是指让与人将其就特定的发明创造申请专利的权利移交给受让人，受让人支付约定价款所订立的合同。技术秘密转让合同，是指让与人将拥有的技术秘密成果提供给受让人，受让人支付约定价款所订立的合同。

《技术合同司法解释》第22条第3款规定，合同双方以技术入股方式订立联营合同，但技术入股人不参与联营体的经营管理。以保底条款形式约定联营体或者联营对方支付其技术价款或者使用费的，视为技术转让合同或者技术许可合同。

需要注意的是，技术转让合同应当以转让特定和现有的专利权、专利申请权、技术秘密为内容，不包括尚待研究开发的技术成果或者不涉及与专利或者技术秘密相关知识、经验和信息订立的合同。同时，签订合同后做好相应的行政公告备案工作。实践中，专利权转让合同和专利申请权转让合同受专利法调整，须履行以下程序：专利权或专利申请权转让应该向国务院专利行政部门登记和公告。未登记公告的，对合同外的第三人不产生约束力，但不影响技术转让合同的效力。但是，中国单位或个人向外国人转让专利申请权或专利权的，必须依照有关法律、行政法规办理手续，未经办理的，转让合同无效。❶

另外，在实践中，经常会出现在转让的技术包（方案）中存在多种的技术类型：第一种是专利技术；第二种是未公开的技术（如技术秘密）；第三种是尚在申请专利中的技术。在技术转让合同中双方在转让多种技术类型的技术包时，应分别就不同的转让技术标的选择对应的合同条款进行约定，不能只选择其中一种技术转让合同的范本一用到底。

三、专利申请权转让合同的签订

专利申请转让合同，即让与人与受让人就尚在申请专利中的专有技术

---

❶ 最高人民法院民法典贯彻实施工作领导小组．中华人民共和国民法典合同编理解与适用（四）［M］．北京：人民法院出版社，2020：2283.

约定转让的合同。其标的专利申请权是一项技术从未公开的专有技术转变更为公开的专利技术的中间过程，专利申请权是一种有时间期限的权利，根据专利申请结果的不同，产生两种技术成果：一种为未获得专利的公开技术，另一种是具有垄断权的专利技术。处于专利申请权的受让人，如同赌玉人在打开原石前并不知道有没有玉石一样，在专利申请结果公布前，也无法确定能否获得专利权。专利能否获得决定着专利申请权受让人能否在这次技术转让中获得收益。因此，如何平衡专利申请权让与人与受让人的利益，专利申请权转让合同约定的条款就尤为重要。专利申请权转让合同签订的条款，除第二章技术合同的主要条款中说明的内容外，为明确专利申请权转让过程中合同各方的权利的义务，避免因合同约定不清而产生不必要的纠纷，专利申请权转让合同签订时一般包括以下主要约定：

（1）专利申请权转让合同标的约定。

（2）专利申请权转让前专有技术实施及许可的处理。

（3）专利申请权让与人交付技术文件的义务。

（4）让与人承诺申请专利的技术不侵权的约定。

（5）专利申请权转让费的约定。

（6）专利申请被驳回的处理。

（7）专利实施或使用的约定。

（8）保密义务的约定。

（9）后续改进技术成果归属的约定。

（10）违约责任的约定。

（11）指定项目联系人的约定。

（12）合同解除的约定。

（13）争议解决条款的约定。

（14）专利申请权转让合同的其他约定。

（一）专利申请权转让合同标的约定

专利申请权转让合同的标的为一项创新技术的专利申请权，即让与人拥有相应技术创造并已经或准备申请专利，受让人受让该技术发明的专利申请权并支付相应的转让价款。由于一项技术在申请专利前或专利申请过程中，其技术方案的权利范围处于动态的状态，因此需要在合同中就具体技术的权利范围予以明确。就专利申请权转让合同标定的约定，示范文本的条款如下：

本合同乙方（让与人）拥有__________的技术发明创造并已申请专利，甲方（受让人）受让该项技术发明的专利申请权并支付相应的转让价款。双方就此项专利申请权转让事项，经过平等协商，在真实、充分地表达各自意愿的基础上，根据《中华人民共和国民法典》的规定，达成如下协议，并由双方共同恪守。

本项发明创造的专利申请权：

1. 属于__________（发明、实用新型、外观设计）申请。
2. 发明人/设计人：__________
3. 专利申请人：__________
4. 专利申请日：__________
5. 专利申请号：__________

在签订本条款时，专利申请权作为转让标的需明确约定三方面内容，一是就出让的专利申请权的现有状态进行约定，具体条款为示范文本第一条；二是已经申请专利的，可按示范文本中的条款逐一填写；三是若尚未申请专利的，其中“专利申请日”可按双方约定的申请专利日期进行填写，“专利申请号”可填为“以专利登记部门确定的为准”。

（二）关于专利申请权转让前专有技术实施及许可的处理

根据《技术合同司法解释》第 24 条规定，订立专利申请权转让合同前，让与人自己已经实施发明创造。在合同生效后，受让人要求让与人停止实施的，人民法院应当予以支持，但当事人另有约定的除外。同时，让与人与受让人订立的专利申请权转让合同，不影响在合同成立前让与人与他人订立的相关技术实施许可合同或者技术秘密转让合同的效力。因此，为避免专利申请权转让合同双方及第三方的纠纷，双方应就专利申请权转让合同签订前的相关事宜进行明确的约定。就专利申请权转让前专有技术实施及许可的处理约定，示范文本的条款如下：

一、乙方在本合同签署前自行实施，许可第三人或以技术秘密形式转让❶本项发明创造的状况如下：

1. 乙方实施本发明创造的状况（时间、地点、方式和规模）：________

____

2. 乙方许可他人使用本发明创造的状况（时间、地点、方式和规模）：

____

3. 乙方以技术秘密形式转让本项发明创造的状况（时间、地点、方式和规模）：________________________________

4. 本合同生效后，乙方有义务在____日内将本发明创造专利申请权转让的状况告知被许可使用或受让本发明创造的当事人。

二、甲方应在本合同生效后，保证原技术许可合同和技术秘密转让合同的履行。乙方在原技术许可合同或技术秘密转让合同中享有的权利和义务，自本合同生效之日起，由甲方承受。乙方应当在____日内通知并协助原技术许可合同的被许可方或技术秘密的受让人与甲方办理合同变更事项。

三、本合同签署后，由____方负责在____日内办理专利申请权转让的登记事宜。

在签订本条款时，关于在专利申请权转让合同签订前，已发生的专有技术自行实施、许可及技术秘密形式转让事项的，具体条款为示范文本第一条、第二条。在申请专利权前的技术，一般为专有技术，让与人有可能

---

❶ 需要特别说明，原先的科技部 2001 版技术合同模板中约定的内容为“实施或转让事项”，《民法典》修订后增加了技术许可的类型，根据修订后的《民法典》及 2020 年修订后《技术合同司法解释》第 24 条的规定，将该部分约定改为“自行实施、许可第三人使用或以技术秘密形式转让”的表达。

已自行实施，或已与他人签订专有技术实施许可或技术秘密转让合同。因此，为避免受让人在合同履行过程中引发不必要的纠纷，须就之前的技术许可关系、技术秘密转让关系如何处理进行明确约定。双方可按示范文本的内容，根据实际情况进行填写。

关于专利申请权的变更登记约定，根据《技术合同司法解释》第23条规定，甲、乙双方签订专利申请权转让合同后，专利申请权尚未办理转让登记的，专利申请被驳回或被视为撤回的，受让人提出解除专利权申请权转让合同，法院予以支持；但专利申请权转让登记已办理，受让人提出解除合同，出让人不同意的，法院不予支付，双方可自行约定处理的方式。因此，对于专利申请权的变更登记约定，可以在示范文本第三条基础上，根据双方实情况予以约定。专利申请权的变更，可以约定在申请阶段通过变更专利申请权人而使最终专利权登记在受让人名下，也可以约定在获得专利后双方直接进行专利权登记变更，双方可以根据实际情况协商约定。

（三）专利申请权让与人交付技术文件的义务

专利申请权的让与人为保证受让人顺利申请专利，让与人还应承担技术文件的交付义务。就让与人履行交付技术文件义务的约定，示范文本的条款如下：

一、为保证甲方申请专利，乙方应向甲方提交以下技术资料：

1. ______________________________

2. ______________________________

3. ______________________________

4. ______________________________

二、乙方向甲方提交技术资料的时间、地点和方式如下：

1. 提交时间：______________________

2. 提交地点：______________________

3. 提交方式：______________________

在签订本条款时，建议明确约定让与人提供相关资料的内容范围、提供时间及方式，并且对其他协作事项予以细化约定。例如，明确约定“本合同生效后 15 个工作日内，以邮件或纸质方式提供。”对于合同履行完毕后的上述资料的交还方式，一般来说，若是以纸本或其他载体的形式予以交付的，可约定为“于合同履行完毕之日起____日内，交付给乙方”；若以电子形式交付的，可约定为“于合同履行完毕之日起____日内，由甲方自行予以销毁，并提供书面销毁证明，甲方不得自留或复制”。

（四）让与人承诺申请专利的技术不侵权的约定

根据《民法典》第 874 条规定，让与人所转让的专利申请权的技术侵犯第三方的合法权益的，应当赔偿受让人因此所造成的损失。让与人承担该违约责任有三个前提：①受让人严格按照合同约定使用专利或技术秘密，不存在超过约定范围使用合同标的技术的行为；②受让人不存在故意，即受让人并不知道实施的技术成果侵犯他人合法权益，如果明知，则与转让人共同承担赔偿责任；③受让人使用合同标的技术的行为事实上构成了侵权。

在发生侵权纠纷案件时，让与人与受让人共同承担应诉的责任，负担诉讼费用，赔偿因使用行为给他人造成的损失。让与人与受让人内部对损失的分配，依据有关法律规定或合同约定处理。就专利申请权转让合同中转让技术不侵权保证条款的约定，示范文本条款如下：

乙方应当保证其专利申请权不侵犯任何第三人的合法权益。如发生第三人指控甲方侵权的，乙方应当____

____

在签订本条款时，可以约定因让与人过错造成对第三方侵权的，赔偿受让人因此所造成的损失，建议约定：“由乙方承担一切责任，同时甲方有权选择与权利人达成和解，并由乙方支付和解协议所约定的全部费用，以及因侵权纠纷而遭受的全部损失及费用（包括但不限于诉讼/仲裁费、保全费、执行费、律师费、交通费、通信费和差旅费等）。”

（五）专利申请权转让费的约定

《民法典》第 846 条规定了三种支付方式，具体而言可以分为一次支付、分期支付和提成支付三种形式：

（1）一次支付，即一次总算，一次总付。这种方式是合同成立后，委托人将合同约定的全部价款、报酬或者使用费一次性支付给开发人。

（2）分期支付，即一次总算，分期支付。这种方式是合同约定价款、报酬或者使用费在合同中一次性算清。在合同成立后，委托人分几次付清合同约定的价款、报款及使用费。

（3）提成支付，即合同约定委托人在接受技术成果后，在实施该项技术成果的过程中所获得的收益，按比例提取部分收入作为开发费用、报酬或者使用费交付给开发人。收益可以约定为产品价格、实施专利或技术成果后新增的产值、利润或者产品销售额的一定比例提成，也可以按照约定的其他方式计算。提成比例可以采取固定比例、逐年递增比例或者逐年递减比例。如果合同双方约定提成支付的，则可以约定让与人查阅有关受让人有关会计账目的方式。

另外，在实务中，还存在提成支付附加预付入门费的支付方式。这种方式是受让人在合同成立后或者在取得技术成果后向让与人支付部分价款、报酬或者使用费（称入门费或初付费），其余部分按照合同约定的比例提成，并按照合同约定的时间支付。同时，约定提成支付的，可以约定让与人有权以“单方委托第三方审计或单方委托会计师查账等”的方式，查阅与受让人有关的会计账目。就专利申请权转让合同中支付条款的约定，示范文本条款如下：

甲方向乙方支付该发明创造专利申请权的价款及支付方式如下：

1. 专利申请权的转让价款总额：________________________

2. 专利申请权的转让价款由甲方______（一次、分期或提成）支付乙方。

具体支付方式和时间如下：

（1）____

（2）____

（3）____

乙方开户银行名称、地址和账号：

开户银行：__________________________________

地址：______________________________________

账号：______________________________________

3. 双方确定，甲方以实施研究开发成果所产生的利益提成支付乙方的专利申请权转让价款的，乙方有权以________________方式查阅甲方有关的会计账目。

在签订本条款时，合同双方可根据相关项目的具体情况约定不同的支付方式。如果约定提成支付的，可以约定乙方（让与人）有权以“单方委托第三方审计或单方委托会计师查账等”的方式，查阅甲方（受让人）有关的会计账目。具体还可以约定多少期间进行查阅，具体由甲、乙双方协商约定。

（六）专利申请被驳回的处理

转让专利申请权合同在履行过程中，基于专利申请最终是否通过，分为两种情况：专利申请成功的，受让人取得专利权，出让人可以获得实施该专利的许可，但双方另有约定的从约定；专利申请在公开前被驳回的，受让人取得的为技术秘密，出让人可以获得实施该项技术秘密的权利。但是专利申请内容因公开而导致该项技术成为公知技术，受让人可以无法实现其合同目的为由解除专利申请权转让合同。双方可以在合同中就上述不同的情况，约定具体的转让费用的支付方式。

需注意的是，根据《专利法》第10条第3款规定，专利申请权转让合同在订立后，双方需向国务院专利行政部门登记，由国务院专利行政部门予以公告。专利申请权的转让自登记之日起生效。另外，《技术合同司法解释》第23条规定，甲、乙双方签订专利申请权转让合同后，专利申请权尚未办理转让登记，专利申请被驳回或被视为撤回，受让人提出解除专利权申请权转让合同的，法院予以支持；但专利申请权转让登记已办理，受让人提出解除合同，出让人不同意的，法院不予支付。双方也可自行约定处理的方式。另外，专利申请权转让合同在成立时即存在尚未公开的同样发明创造，导致专利申请因在先专利导致被驳回的，受让人可以无法实际合同目的为由请求解除合同，法院将予以支持。

就专利申请权转让合同中专利申请被驳回条款的约定，示范文本条款如下：

一、本合同签署后，由____方负责在____日内办理专利申请权转让的登记事宜。

二、双方确定，本合同生效后，甲方专利申请被国家专利行政主管机关驳回的，乙方不退还已收取的转让费用；尚未收取的，按以下方式处理：________

双方对专利申请被驳回的特别约定如下：________

在签订本条款时，双方按上述示范条文进行填写，也可以在合同中依照《技术合同司法解释》第23条的规定，双方通过协商，就上述不同的情况进行具体约定。

（七）专利实施或使用的约定

《民法典》第864条规定，技术转让合同可以约定实施专利或者使用技术秘密的范围。转让专利申请权合同在履行过程中，基于专利申请最终是否通过，分为两种情况：专利申请成功的，受让人取得专利权，出让人可以获得实施该专利的许可；专利申请在公开前被驳回的，受让人取得的为专有技术，出让人可以获得实施该项专有技术的权利。就专利申请权转让合同中专利实施或使用条款的约定，示范文本条款如下：

双方确定：

1. 本合同生效后，甲方取得专利权的，乙方应按以下约定实施或使用

该发明创造：＿＿＿＿＿＿＿＿＿＿＿＿＿＿＿＿＿＿＿＿＿＿＿＿

2. 本合同生效后，该项专利申请在专利公开前被驳回的，双方按以下约定实施或使用该发明创造：＿＿＿＿＿＿＿＿＿＿＿＿＿＿＿＿

在签订本条款时，专利申请权转让合同中，合同双方可约定实施专利或使用专有技术的范围。实施专利或使用专有技术的范围，一般包括实施专利或使用专有技术的期限、地域、方式及接触专有技术的人员等。双方对于实施专利或者使用专有技术的期限没有约定或者约定不明确的，受让人实施专利或者使用专有技术不受期限限制，双方可根据实际情况予以约定。

（八）保密义务的约定

《民法典》第871条规定，专利申请权转让合同中，对让与人提供的技术中尚未公开的秘密部分，承担保密义务。技术转让合同的让与人对受让人转让的技术，有的是处于保密状态的技术，有的技术虽已公开，但是相关的背景材料、技术参数等未曾公开。这些技术及相关材料极可能涉及国家利益或者让与人和许可人的重大经济利益。另外，违反合同保密义务，受到损害的一方可获得相应赔偿数额，就赔偿数额计算方式的介绍，与技术开发合同中违反合同保密义务中的内容一致，可参考相关内容解读部分。就专利申请权中保密义务条款的约定，示范文本条款如下：

双方确定，在本发明创造专利申请公开前，以及专利申请被驳回后，均对该项发明创造负有保密义务。具体保密约定如下：

甲方：

1. 保密内容（包括技术信息和经营信息）：＿＿＿＿＿＿＿＿＿＿

2. 涉密人员范围：＿＿＿＿＿＿＿＿＿＿＿＿＿＿＿＿＿＿＿＿

3. 保密期限：＿＿＿＿＿＿＿＿＿＿＿＿＿＿＿＿＿＿＿＿＿＿

4. 泄密责任：＿＿＿＿＿＿＿＿＿＿＿＿＿＿＿＿＿＿＿＿＿＿

乙方：

1. 保密内容（包括技术信息和经营信息）：＿＿＿＿＿＿＿＿＿＿

2. 涉密人员范围：________________________________

3. 保密期限：________________________________

4. 泄密责任：________________________________

在签订本条款时，让与人提供或者传授的技术和有关技术资料，双方可以在合同中约定范围和期限要求受让人予以保密。具体如下：

（1）在技术合同谈判初期，合同各方首先应当对谈判初期阶段有关技术情报的提供、保密及违反保密义务时的违约责任等问题进行约定。

（2）让与人可以约定受让人对获得的专有技术或尚未公开的专利技术的相关技术资料承担保密的义务。

（3）让与人或受让人可以就相关技术的保密期限约定为合同履行期限及合同终止后若干年，约定合同终止后双方继续履行保密义务。另外，就涉密责任的约定，建议该条约定可以参照上述法律的规定进行约定，但考虑到在实务中，受损害方的实际损失、侵权方的所获收益，均较难取证，因此，建议双方的合同中明确约定具体的违约金金额。

（九）后续改进技术成果归属的约定

专利申请权转让合同双方可以根据《民法典》第 875 条规定，按照互利的原则，在合同中就实施专利、使用专有技术后，产生后续改进技术的分享进行约定；没有约定或者约定不明确，既无法达成补充约定，也无法按照合同有关条款或者交易习惯确定的，一方后续改进的技术成果，其他各方无权分享。就后续改进技术成果归属条款的约定，示范文本条款如下：

双方确定：

1. 甲方有权利用乙方交付专利申请权所涉及的发明创造进行后续改进，由此产生的具有实质性或创造性技术进步特征的新的技术成果，归__________（甲方、双方）方所有。具体相关利益的分配办法如下：________________________________

2. 乙方有权在已交付甲方专利申请权后对此发明创造进行后续改进，

由此产生的具有实质性或创造性技术进步特征的新的技术成果，归__________（乙方、双方）方所有。具体相关利益的分配办法如下：______
____

在签订本条款时，根据相应的法律规定，合同双方可依据技术实施的实际情况对相关利益分配予以约定。例如，约定由一方享有全部权利的，可以约定另一方获得有偿的专利实施许可。

（十）违约责任的约定

根据《民法典》第872条规定，专利申请权转让合同的双方的违约责任约定，一般会从让与人的违约责任、受让人的违约责任及让与人的侵权责任三个方面进行约定。

首先，让与人的违约责任，让与人不履行合同义务，迟延提供技术情报和资料的，或者所提供的技术情报和资料没有达到使该领域一般专业技术人员能够实施发明创造的程度的，应当承担违约责任。同时，若违反保密义务的，应当承担违约责任。

其次，《民法典》第873条规定了受让人的违约责任，受让人不履行合同迟延支付转让费的，承担违约责任。未按照约定支付转让费，应当补交并承担违约责任；不补交转让费或者不支付违约金的，应当交还技术资料，并承担违约责任。违反保密义务的，承担违约责任。

最后，根据《民法典》第874条规定，让与人所转让的专利申请权的技术侵犯第三方的合法权益的，应当赔偿受让人因此所造成的损失。但转让人承担该违约责任有三个前提：

（1）受让人严格按照合同约定使用专利或技术秘密，不存在超过约定范围使用合同标的技术的行为。

（2）受让人不存在故意，即受让人并不知道实施的技术成果是侵犯他人合法权益，如果明知，则与转让人共同承担赔偿责任。

（3）受让人使用合同标的技术的行为事实上构成了侵权。在发生侵权纠纷案件时，让与人与受让人应共同承担应诉的责任，负担诉讼费用，赔偿因使用行为给他人造成的损失。让与人与受让人内部对损失的分配，依据有关法律规定或合同约定处理。就专利申请权转让合同中违约责任条款的约定，示范文本条款如下：

双方确定，按以下约定承担各自的违约责任：

1. ______方违反本合同第____条约定，应当______________（支付违约金或损失赔偿额的计算方法）。

2. ______方违反本合同第____条约定，应当______________（支付违约金或损失赔偿额的计算方法）。

3. ______方违反本合同第____条约定，应当______________（支付违约金或损失赔偿额的计算方法）。

4. ______方违反本合同第____条约定，应当______________（支付违约金或损失赔偿额的计算方法）。

在签订本条款时，首先应针对确保合同顺利履行的主要条款约定相应的违约责任。具体违约责任如何承担，参见本书第二章中“合同的违约条款”的内容。结合本条上述的相关法律规定，约定相应的违约责任。

（十一）指定项目联系人的约定

就专利申请权转让合同的指定项目联系人，对合同履行中相关技术材料的收讫，相关问题的沟通都十分重要，也是发生纠纷时掌握合同履行细节的关键人。让与人和受让人应在合同中就各自项目联系人做出指定，明确其具体负责的相关事宜。就指定项目联系人条款的约定，示范文本条款如下：

双方确定，在本合同有效期内，甲方指定____________为甲方项目联系人，乙方指定____________为乙方项目联系人。项目联系人承担以下责任：

1. ______________________________

2. ______________________________

3. ______________________________

一方变更项目联系人的，应当及时以书面形式通知另一方。未及时通知并影响本合同履行或造成损失的，应承担相应的责任。

在签订本条款时，可以约定项目联系人承担以下事务：

(1) 对该合同各条款相关事宜及时进行沟通。

(2) 沟通协调项目推进遇到的问题，按进度推进工作履行各自义务。

(3) 项目进展沟通交流，就重大事项呈报各自单位审批确定等。具体内容双方可根据项目实际情况予以修改。

(十二) 合同解除的约定

专利申请权转让合同在履行过程中也会发生不可抗力的情形，或使双方无继续履行合同的其他情形，导致合同解除。不可抗力条款发生时，合同双方均无须承担违约责任，合同可予以解除。另外，当出现技术风险时，合同也可予以解除。根据《技术合同会议纪要》第 27 条规定，有下列情况之一，使技术合同的履行成为不必要或者不可能时，合同一方可以基于一方迟延履行债务或者有其他违约行为致使不能实现合同目的为由，解除合同：

(1) 因一方违约致使履行合同必备的物质条件灭失或者严重破坏，无法替代或者修复的。

(2) 技术合同标的的项目或者技术因违背科学规律或者存在重大缺陷，无法达到约定的技术、经济效益指标的。就合同解除的约定，示范文本条款如下：

双方确定，出现下列情形，致使本合同的履行成为不必要或不可能的；可以解除本合同：

1. 因发生不可抗力；

2. ____

3. ____

在签订本条款时，可在 2、3 项约定：因一方违约导致履行合同必备的物质条件灭失或者严重破坏，无法替代或者修复的；技术合同标的的项目或者技术因违背科学规律或者存在重大缺陷，无法达到约定的技术、经济效益指标的。除可以约定上述法律文件规定的情形外，本条款也可以根据实际情况增加其他情形。

（十三）争议解决条款的约定

合同中的争议解决条款，是就双方合同履行过程中发生争议时，无法通过自行协商解决时，双方按争议解决条款约定选择处理纠纷的机构和区域的约定。一般有仲裁和法院审理两种解决方式。两者的区别：①审理程序不同，仲裁为一裁终局，而法院诉讼是二审终审，同时还可以提起再审，从审理程序上看，仲裁处理时间比法院审理时间短；②从案件是否公开而言，仲裁案件审理为不公开审理方式；而诉讼案件一般为公开审理，除案件有符合不公开审理的条件（如涉及技术秘密等）的，可申请不公开审理；③费用对比，仲裁案件的受理费比法院一审诉讼费用要高，但若案件经历一审二审，相关的合计诉讼费用会比仲裁费用高的，就委托开发合同中争议解决条款的约定，示范文本条款如下：

双方因履行本合同而发生的争议，应协商、调解解决。协商、调解不成的，确定按以下第____种方式处理：

1. 提交____________________仲裁委员会仲裁；

2. 依法向人民法院起诉。

在签订本条款时，需结合本项目的实际情况，综合考虑后对争议处理方式进行约定。关于争议解决条款的约定内容，可参阅本书第二章“技术合同的主要条款”中合同的争议解决条款。应注意，对于技术合同纠纷，若选择向人法院起诉，一般由中级以上人民法院管辖。

（十四）专利申请权转让合同的其他约定

专利申请权转让合同中，还可对合同所涉有关名词和技术术语、合同附件包含内容，特别是技术文件等做出相应的约定。就该部分内容，示范文本条款如下：

一、双方确定：本合同及相关附件中所涉及的有关名词和技术术语，其定义和解释如下：

1. ________________

2. ________________

3. ________________

4. ________________

5. ________________

二、与履行本合同有关的下列技术文件，经双方确认后，________为本合同的组成部分：

1. 技术背景资料：________________

2. 可行性论证报告：________________

3. 技术评价报告：________________

4. 技术标准和规范：________________

5. 原始设计和工艺文件：________________

6. 其他：________________

三、双方约定本合同其他相关事项：________________

____

在签订本条款时，就尚未标准化或通常惯例的名词、技术术语要作明确约定和解释，以防止合同条款理解上的歧义或误解。技术合同有别于其他合同的特点在于它的技术性，相关技术文件是技术合同不可或缺的核心内容。此外，示范文本特别留了其他相关事项的补充约定条款，双方可就合同文本中未考虑到内容，在这里予以约定。

四、专利权转让合同的签订

专利权转让合同，即让与人与受让人就已获得专利的技术约定转让的合同。专利权转让合同签订的条款，除第二章技术合同的主要条款中说明的内容外，为明确专利权转让过程中合同各方的权利和义务，避免因合同约定不清而产生不必要的纠纷，专利权转让合同签订时一般包括以下主要约定：

（1）专利权转让合同标的约定。

（2）关于专利权转让前本项专利实施及许可的处理。

（3）专利权让与人提交技术资料的义务。

（4）关于转让的专利技术不侵权的约定。

（5）专利权被宣告无效的约定。

（6）专利权转让费的约定。

（7）禁止技术垄断的约定。

（8）后续改进技术成果归属的约定。

（9）违约责任的约定。

（10）指定项目联系人的约定。

（11）合同解除的约定。

（12）争议解决条款的约定。

（13）专利权转让合同的其他约定。

（一）专利权转让合同标的约定

专利权转让合同的标的是已获得专利权且有效的技术，专利权是一种经国家机关公示登记的权利，其有相应的专利名称、发明人名称、专利号、授权日、有效期及年费缴纳等记录，因此，双方应在合同中就具体转让的专利的相关登记信息进行明确约定。

就专利权转让合同中标的约定，示范文本条款如下：

一、本合同转让的专利权：

1. 为________________（发明、实用新型、外观设计）专利。

2. 发明人/设计人为：________________________________

3. 专利权人：________________________________

4. 专利授权日：________________________________

5. 专利号：________________________________

6. 专利有效期限：________________________________

7. 专利年费已交至________________________________

在签订本条款时，让与人与受让人应根据专利权登记证书中相应的登记内容，如实填写。受让人应注意认真核实专利年费的交纳情况，以查明该专利是否有效。

（二）关于专利权转让前本项专利实施及许可的处理

根据《技术合同司法解释》第24条规定，订立专利权转让合同前，让与人自己实施发明创造，在合同生效后，受让人要求让与人停止实施的，人民法院予以支持，但当事人另有约定的除外。另外，让与人与受让人订立专利权转让合同，不影响在合同成立前让与人与他人订立的相关专利实施许可合同或者技术秘密转让合同的效力，考虑到专利让与人在出让专利前，可能存在向第三人许可实施该项专利的情形，双方应在合同中就专利许可情况予以明确，以避免受让人获得专利后产生不必要的侵权纠纷。

就专利权转让前本项专利实施及许可的处理约定，示范文本的条款如下：

一、乙方在本合同签署前实施或许可本项专利权的状况如下：

1. 乙方实施本项专利权的状况（时间、地点、方式和规模）：________________________________

2. 乙方许可他人使用本项专利权的状况（时间、地点、方式和规模）：________________________________

本合同生效后，乙方有义务在____日内将本项专利权转让的状况告知被许可使用本发明创造的当事人。

二、甲方应在本合同生效后，保证原专利实施许可合同的履行。乙方在原专利实施许可合同中享有的权利和义务，自本合同生效之日起，由甲方承受。乙方应当在____日内通知并协助原专利实施许可合同的让与人与甲方办理合同变更事项。

三、本合同生效后乙方继续实施本项专利的，按以下约定办理：____。

在签订本条款时，若受让人同意让与人继续实施本项专利，或让与人已授权第三人实施合同本项专利的，让与人需要就本项专利的自行实施或许可他人实施的状况进行明确说明，同时让与人有义务在约定的时间内将专利权转让的事实告知获得许可的第三方。因此，建议在本条款约定时，合同双方可以就合同生效后让与人是否继续实施合同标的及第三人是否继续实施本项专利进行具体约定。

（三）专利权让与人提交技术资料的义务

一项专利能否顺利实施，除了办理专利权权属变更登记手续外，让与人还应将与该项专利技术相关的技术资料及相关的技术秘密交付给受让人，以便受让人可以正确有效地实施受让的专利。

就专利让与人提交技术资料的义务约定，示范文本条款如下：

一、为保证甲方有效拥有本项专利权，乙方应向甲方提交以下技术资料：

1. ______________________________
2. ______________________________
3. ______________________________
4. ______________________________

二、乙方向甲方提交技术资料的时间、地点和方式如下：

1. 提交时间：________________________________

2. 提交地点：________________________________

3. 提交方式：________________________________

三、为保证甲方有效拥有本项专利，乙方向甲方转让与实施本项专利权有关的技术秘密：

1. 技术秘密的内容：____________________________

2. 技术秘密的实施要求：__________________________

3. 技术秘密的保密范围和期限：______________________

四、本合同签署后，由______方负责在______日内办理专利权转让登记事宜。

在签订本条款时，应明确约定让与方提供相关资料的内容范围、提供时间及方式，并且对其他协作事项予以细化，同时应对实施该项专利相关技术秘密的内容、实施要求及保密范围、期限进行明确约定。具体内容应根据实际情况进行约定，同时双方应由专利权转让登记的时间及负责方进行明确约定。

（四）关于转让专利技术不侵权的约定

根据《民法典》第 874 条规定，让与人所转让的专利权的技术侵犯第三方的合法权益的，应当赔偿受让人因此所造成的损失。让与人承担该违约责任有三个前提：

（1）受让人严格按照合同约定使用专利或技术秘密，不存在超过约定范围使用合同标的技术的行为。

（2）受让人不存在故意，即受让人并不知道实施的技术成果是侵犯他人合法权益。受让人如果明知，则与转让人共同承担赔偿责任。

（3）受让人使用合同标的技术的行为事实上构成了侵权。在发生侵权纠纷案件时，让与人与受让人应共同承担应诉的责任，负担诉讼费用，赔偿因使用行为给他人造成的损失。让与人与受让人内部对损失的分配，依据有关法律规定或合同约定处理。

就转让专利技术不侵权的约定，示范文本的条款如下：

乙方应当保证其专利权转让不侵犯任何第三人的合法权益。如发生第三人指控甲方侵权的，乙方应当＿＿＿＿＿＿＿＿＿＿＿＿＿＿＿＿＿＿＿＿＿＿＿＿＿＿＿＿＿＿＿＿＿＿＿＿

在签订本条款时，可以约定因让与人过错造成对第三方侵权的，赔偿受让人因此所造成的损失，建议约定："由乙方承担一切责任，同时甲方有权选择与权利人达成和解，并由乙方支付和解协议所约定的全部费用，以及因侵权纠纷而遭受的全部损失及费用（包括但不限于诉讼/仲裁费、保全费、执行费、律师费、交通费、通信费和差旅费等）。"

（五）专利权被宣告无效的约定

根据最高人民法院公报2021年第1期公布的案例：北京××科技有限公司与北京××生物科技有限公司专利权转让合同纠纷案。该案裁判中明确专利权被宣告无效的，之前已经签订的专利权许可或转让合同并不因此而无效。上述合同因专利权无效而不能履行的，当事人可以据此主张变更或解除合同。因此，就专利权被宣告无效的约定，示范文本的条款如下：

专利权被宣告无效的，并不导致本专利权转让合同无效；但若因专利权无效导致本合同无法履行的，甲方可以主张变更或解除合同。❶

在签订本条款时，应注意专利权被宣告无效后合同尚未履行的部分是否一概不再履行，应根据未履行部分涉及的利益是否与行使专利权所直接获得的利益相关而进行判断。如专利权许可费、转让费等均属于专利权价值的对价，专利权被宣告无效后，权利人无权要求继续履行。有关对该条

❶ 科技部2001版技术合同模板中约定的内容："乙方对本合同生效后专利权被宣告无效，不承担法律责任"，结合2021年最高人民法院公报案例中裁判说明，对本条约定进行了修改，变更为"专利权被宣告无效的，并不导致本专利权转让合同无效；但若因专利权无效导致合同无能履行的，甲方可以主张变更或解除合同"。

的理解，还可以结合阅读本书第 190 页第七章案例十的解析。

（六）专利权转让费的约定

根据《民法典》第 846 条规定，专利权的转让款支付方式可以分为一次支付、分期支付或提成支付三种形式。一次支付，即一次总算，一次总付。这种方式是合同成立后，受让人将合同约定的全部价款、报酬或者使用费一次性支付给让与人。分期支付，即一次总算，分期支付，是合同约定价款、报酬或者使用费在合同中一次性算清。在合同成立后，受让人分几次付清合同约定的价款、报款及使用费。提成支付，即合同约定受让人在接受技术成果后，在实施该项技术成果的过程中所获得的收益，按比例提取部分收入作为转让费用、报酬或者使用费交付给让与人。收益可以约定为产品价格、实施专利或技术成果后新增的产值、利润或者产品销售额的一定比例提成，也可以按照约定的其他方式计算。提成比例可以采取固定比例、逐年递增比例或者逐年递减比例。另外，在实务中，还存在提成支付附加预付入门费的支付方式，是指受让人在合同成立后或者在取得技术成果后向出让人支付部分价款、报酬或者使用费（称入门费或初付费），其余部分按照合同约定的比例提成，并按照合同约定的时间支付。

就转让专利转让费的约定，示范文本的条款如下：

甲方向乙方支付该项专利权转让的价款及支付方式如下：

1. 专利权的转让价款总额为：______________________________

其中，技术秘密转让价款为：__________________________

2. 专利权的转让价款由甲方________（一次、分期或提成）支付乙方。具体支付方式和时间如下：

（1）____

（2）____

（3）____

乙方开户银行名称、地址和账号：

开户银行：____

地址：____

账号：____

3. 双方确定，甲方以实施研究开发成果所产生的利益提成支付乙方的研究开发经费和报酬的，乙方有权以________方式查阅甲方有关的会计账目。

在签订本条款时，双方根据专利转让费的实际支付情况予以填写，约定提成支付的，建议约定让与人有权以“单方委托第三方审计或单方委托会计师查账等”的方式，查阅甲方有关的会计账目。具体还可以约定多少期间进行查阅，具体由受让人与让与人双方协商约定。

（七）禁止技术垄断的约定

《民法典》第850条规定，非法垄断技术的技术合同无效。同时，《技术合同司法解释》第10条根据TRIPs和《对外贸易法》相关规定，并参考国外立法和判例，列举了的“非法垄断技术”，具体类型如下：

（1）限制合同一方在合同标的技术基础上进行新的研究开发或者限制其使用所改进的技术，或者双方交换改进技术的条件不对等，包括要求一方将其自行改进的技术无偿提供给对方、非互惠性转让给对方、无偿独占或者共享该改进技术的知识产权。

（2）限制合同一方从其他来源获得与技术提供方类似技术或者与其竞争的技术。

（3）阻碍合同一方根据市场需求，按照合同方式充分实施合同标的技术，包括明显不合理地限制技术接受方实施合同标的技术生产产品或者提供服务的数量、品种、价格、销售渠道和出口市场。

（4）要求技术接受方接受并非实施技术必不可少的附带条件，包括购买非必要的技术、原材料、产品、设备、服务以及接受非必需的人员等。

（5）不合理地限制技术接受方购买原材料、零部件、产品或者设备等的渠道或者来源。

（6）禁止技术接受方对合同标的技术知识产权的有效性提出异议或者对提出异议附加条件。

就禁止技术垄断条款的约定，示范文本的条款如下：

双方确定，在本合同履行中，任何一方不得以下列方式限制另一方的技术竞争和技术发展：

1. ______________________________

2. ______________________________

3. ______________________________

在签订本条款时，相关签订内容可以结合上述规定，结合专利权转让合同中双方实际情况，进行选择性的约定。

（八）后续改进技术成果归属的约定

根据《民法典》第875条规定，专利权转让合同双方可以按照互利的原则，在合同中约定实施专利后续改进的技术成果的分享办法；没有约定或者约定不明确，既无法达成补充约定，也无法按照合同有关条款或者交易习惯确定的，一方后续改进的技术成果，其他各方无权分享。就后续改进技术成果归属的约定，示范文本的条款如下：

双方确定：

1. 甲方有权利用乙方转让专利权涉及的发明创造进行后续改进。由此产生的具有实质性或创造性技术进步特征的新的技术成果，归__________（甲方、双方）方所有。具体相关利益的分配办法如下：______________________________

2. 乙方有权在已交付甲方该项专利权后，对该项专利权涉及的发明创造进行后续改进。由此产生的具有实质性或创造性技术进步特征的新的技术成果，归__________（乙方、双方）方所有。具体相关利益的分配办法如下：______________________________

在签订本条款时，专利权转让合同的双方可以根据上述法律规定，依据技术实施的实际情况对相关利益分配予以约定，如约定一方享有后续技术的所有权时，可以约定另一方可获得有偿的专利实施许可。

（九）违约责任的约定

根据《民法典》第872条对于专利权转让合同的违约责任约定，一般会从让与人的违约责任、受让人的违约责任及让与人的侵权责任三个方面进行约定。

首先，是专利让与人的违约责任。让与人不履行合同义务，迟延办理专利权移交手续，未提供有关的技术资料，转让的专利不是让与人合法拥有的专利或者违反保密义务的，应当返还部分或者全部转让费，并且应当承担违约责任。

其次，《民法典》第873条规定了受让人的违约责任。受让人未按照约定支付转让费，应当补交并按照约定支付违约金。不补交转让费或者支付违约金的。应当停止实施专利，交还技术资料，承担违约责任。若违反保密义务的，应承担违约责任。

最后，《民法典》第874条规定了让与人所转让的专利权的技术侵犯第三方的合法权益的，应当赔偿受让人因此所造成的损失。但应注意的是，转让人承担该违约责任有三个前提：

（1）受让人严格按照合同约定使用专利或技术秘密，不存在超过约定范围使用合同标的技术的行为。

（2）受让人不存在故意，即受让人并不知道实施的技术成果是侵犯他人合法权益。受让人如果明知，则与转让人共同承担赔偿责任。

（3）受让人使用合同标的技术的行为事实上构成了侵权。

在发生侵权纠纷案件时，让与人与受让人应共同承担应诉的责任，负担诉讼费用，赔偿因使用行为给他人造成的损失。让与人与受让人内部对损失的分配，依据有关法律规定或合同约定处理。

就违约责任条款的约定，示范文本的条款如下：

双方确定，按以下约定承担各自的违约责任：

1. ______方违反本合同第____条约定，应当________________（支付违约金或损失赔偿额的计算方法）。

2. ______方违反本合同第____条约定，应当________________（支付违约金或损失赔偿额的计算方法）。

3. ______方违反本合同第____条约定，应当________________（支付违约金或损失赔偿额的计算方法）。

4. ______方违反本合同第____条约定，应当________________（支付违约金或损失赔偿额的计算方法）

签订本条款时，首先应针对确保合同顺利履行的主要条款约定相应的违约责任。具体如何承担违约责任，可参见本书第二章中“合同的违约条款”的内容。同时，可以结合本条上述的相关法律规定，约定相应的违约责任。

（十）指定项目联系人的约定

就专利权转让合同的指定项目联系人，对合同履行中相关技术材料的收讫、相关问题的沟通都十分重要，也是发生纠纷时掌握合同履行细节的关键人。让与人和受让人应在合同中就各自项目联系人做出指定，明确其具体负责的相关事宜。就指定项目联系人条款的约定，示范文本条款如下：

双方确定，在本合同有效期内，甲方指定__________为甲方项目联系人，乙方指定__________为乙方项目联系人。项目联系人承担以下责任：

1. ____

2. ____

3. ____

一方变更项目联系人的，应当及时以书面形式通知另一方。未及时通知并影响本合同履行或造成损失的，应承担相应的责任。

在签订本条款时，可以约定项目联系人承担以下事务：

（1）对该合同各条款相关事宜及时进行沟通。

（2）沟通协调项目推进遇到的问题，按进度推进工作履行各自义务。

（3）项目进展沟通交流，就重大事项呈报各自单位审批确定等。双方可根据项目实际情况对具体内容予以修改。

（十一）合同解除的约定

专利权转让合同在履行过程中也会发生不可抗力情形，或使双方无继续履行合同的其他情形，导致合同解除。不可抗力条款发生时，合同双方均无须承担违约责任，合同可予以解除。另外，当出现技术风险时，合同也可予以解除。根据《技术合同会议纪》要第27条规定，有下列情况之一，使技术合同的履行成为不必要或者不可能时，合同一方可以基于一方迟延履行债务或者有其他违约行为致使不能实现合同目的为由，解除合同：

（1）因一方违约致使履行合同必备的物质条件灭失或者严重破坏，无法替代或者修复的。

（2）技术合同标的的项目或者技术因违背科学规律或者存在重大缺陷，无法达到约定的技术、经济效益指标的。就合同解除的约定，示范文本条款如下：

双方确定，出现下列情形，致使本合同的履行成为不必要或不可能的，可以解除本合同：

1. 因发生不可抗力；

2. ____________________

3. ____________________

在签订本条款时，除参考上述法律文件规定的情形外，专利权转让合同双方可以根据实际情况增加其他情形。

（十二）争议解决条款的约定

专利权转让合同的争议解决条款的约定与专利申请权转让合同中一致，可参考转让申请权转让合同中“（十三）争议解决条款的约定”的内容。就专利权转让合同中争议解决条款的约定，示范文本条款如下：

双方因履行本合同而发生的争议，应协商、调解解决。协商、调解不成的，确定按以下第____种方式处理：

1. 提交____________________仲裁委员会仲裁；

2. 依法向人民法院起诉。

在签订本条款时，需结合本项目的实际情况，综合考虑后对争议处理方式进行约定。关于争议解决条款的约定内容，可参阅本书第二章“技术合同的主要条款”中合同的争议解决条款。应注意对于技术合同纠纷，若选择人民法院起诉一般由中级以上人民法院管辖。

(十三) 专利权转让合同的其他约定

除合同双方可就合同及相关附件中所涉及的有关名词和技术术语、技术文件内容另行约定外，根据《民法典》第870条规定，在专利权转让合同的范本条款中，没有就出让人的保证责任列出相关的约定。依据相关规定，技术转让合同的让与方应当保证自己是所提供技术的合法拥有者，并保证所提供的技术完整、无误和有效，能够达到约定的目标。因此，就专利权转让合同的其他约定，示范文本的条款如下：

一、双方确定：本合同及相关附件中所涉及的有关名词和技术术语，其定义和解释如下：

1. ____

2. ____

3. ____

4. ____

5. ____

二、与履行本合同有关的下列技术文件，经双方确认后，__________为本合同的组成部分：

1. 技术背景资料：____________________________

2. 可行性论证报告：________________________

3. 技术评价报告：________________________

4. 技术标准和规范：________________________

5. 原始设计和工艺文件：________________________

6. 其他：________________________

三、双方约定本合同其他相关事项：________________________
____
____
____。

在签订本条款时，建议增加专利权让与人的保证责任条款，具体内容如下：

（1）确认标的专利权的缺陷情况，并要求让与人应在合同中予以明确，让受让人知晓，以避免之后履行过程中发生不必要的纷争。例如，在专利权转让合同中，让与人应保证专利权不存在以下缺陷：①该专利权受物权或质押权约束；②该专利权的实施受到另外一个现存的专利权的限制；③有专有先用权的存在；④有强制实施许可的存在；⑤属于有利于其他竞争者的情况下发放的专利实施许可；⑥有被政府采取“计划许可”的情况。

（2）要求让与人保证自己所提供的技术的有效性。例如，让与人应保证：①在申请专利之前，自己没有使用或没有以任何方式公开过此项发明创造，该专利的有效性不会由于专利权人自己的行为而遭到否定；②不存在冒充他人的专利号或谎称其专利为专利局批准许的事实，专利为让与人自己的劳动所得；③当专利权为他人所侵害时，让与人有义务对他们提出诉讼或应诉；④让与人在转让前需按时缴纳专利年金，使专利权保持有效的状态。

另外，合同双方可就上述让与方的保证内容可以本条其他事项中予以约定，具体内容请结合技术转让合同的目的、技术的特点，及合同各方立场进行选择性的约定。

五、技术秘密转让合同的签订

技术秘密转让合同，即让与人与受让人就技术秘密转让事宜进行约定的合同。技术秘密转让合同签订的条款，除第二章技术合同的主要条款中说明的内容外，为明确技术秘密转让过程中合同各方的权利和义务，避免因合同约定不清而产生不必要的纠纷，技术秘密转让合同签订时一般包括以下主要约定：

（1）技术秘密转让合同标的约定。

（2）技术秘密让与人提交技术资料的义务。

（3）受让人使用技术秘密的约定。

（4）关于转让技术不侵权的约定。

（5）技术秘密被公开的后果。

（6）保密义务的约定。

（7）技术秘密转让费支付的约定。

（8）技术秘密的验收约定。

（9）禁止技术垄断的约定。

（10）后续改进技术成果归属的约定。

（11）违约责任的约定。

（12）指定项目联系人的约定。

（13）合同解除的约定。

（14）争议解决条款的约定。

（15）技术秘密转让合同其他条款的约定。

（一）技术秘密转让合同标的的约定

作为技术转让合同标的的技术秘密，应当是可以成熟应用于生产实践的适用性技术。所谓技术的成熟性是指该技术是在充分研究开发基础上完成的，已经具备了商品化开发的可能性。这里需注意的是，除非双方明确约定让与人保证受让人达到约定的经济效益指标，否则技术秘密的让与人不对受让人实施技术秘密后的经济效益承担责任。另外，转让的技术秘密也可以是阶段性技术成果，让与人应保证在一定条件下重复实验可以得到预期的效果，并在合同中载明后续开发的责任。若合同中约定受让人取得的技术须经受让人小试、中试、工业性试验后才能投入批量生产的，受让人未经小试、中试、工业性试验直接投入批量生产所发生的损失，技术秘密让与人不承担责任。

就技术（技术秘密）转让合同的转让标的的约定，示范文本的条款如下：

乙方转让甲方的技术秘密内容如下：

1. 技术秘密的内容：____________________

2. 技术指标和参数：____________________

3. 本技术秘密的工业化开发程度：____________________

在签订本条款时，建议双方根据技术秘密的实际情况进行明确约定。其中，就工业化开发程度部分，可以按“小试、中试或可投入批量生产”进行约定。另外，对于经济性指标能否作为技术秘密的质量要求，需要合同双方做特别约定。若未做明确约定，经济性指标不能作为技术指标。若希望就经济指标方面的约定作进一步了解，可以阅读本书第七章案例六的分析。

（二）技术秘密让与人交付技术资料的义务

《民法典》第868条规定，技术秘密转让合同的让与人应当按照约定提供技术资料，进行技术指导，保证技术的实用性、可靠性，承担保密义务。

与专利申请权转让合同及专利权转让合同的标的需向专利申请部门公示相关技术文件不同，技术秘密转让合同中的技术资料均由让与人掌握，提供的资料是否满足实用性、可靠性及保密性，有赖于让与人的诚信，因此就相关技术资料提交的约定，应更为具体且明确。

就让与人履行义务条款的约定，示范文本的条款如下：

一、为保证甲方有效实施本项技术秘密，乙方应向甲方提交以下技术资料：

1. ________________________________

2. ________________________________

3. ________________________________

4. ________________________________

二、乙方提交技术资料时间、地点、方式如下：

1. 提交时间：________________________

2. 提交地点：________________________

3. 提交方式：________________________

在签订本条款时，应明确就让与人提供资料的内容范围、提供时间及方式、技术服务指导相关内容等协作事项予以细化约定。对于提供资料要求的理解，还可以结合阅读本书第七章案例四的解析。

(三) 受让人使用技术秘密的约定

技术秘密转让合同中，让与人与受让人可以约定使用技术秘密的范围。使用技术秘密的范围，一般包括使用技术秘密的期限、地域、方式及接触技术秘密的人员等。双方对于使用技术秘密的期限没有约定或者约定不明确的，受让人使用技术秘密不受期限限制。

就受让人使用技术秘密条款的约定，示范文本的条款如下：

甲方应以如下范围、方式和期限实施本项技术秘密：

1. 实施范围：________________________

2. 实施方式：________________________________

3. 实施期限：________________________________

在签订本条款时，建议就使用技术秘密的期限、地域、方式及接触技术秘密的人员进行明确的约定。例如，实施范围，可以约定为使用该项技术秘密的公司主体的范围是否包括关联公司、实施的地区、生产的规模；实施的方式，可以约定为普通许可、独占许可或排他许可；实施期限，可以约定十年或者其他年份。

（四）关于转让技术不侵权的约定

根据《民法典》第 874 条规定，让与人所转让的技术秘密侵犯第三方的合法权益的，应当赔偿受让人因此所造成的损失。让与人承担该违约责任有三个前提：

（1）受让人严格按照合同约定使用技术秘密，不存在超过约定范围使用合同标的技术的行为。

（2）受让人不存在故意，即受让人并不知道实施的技术成果是侵犯他人合法权益。受让人如果明知，则与转让人共同承担赔偿责任。

（3）受让人使用合同标的技术的行为事实上构成了侵权。在发生侵权纠纷案件时，让与人与受让人应共同承担应诉的责任，负担诉讼费用，赔偿因使用行为给他人造成的损失。让与人与受让人内部对损失的分配，依据有关法律规定或合同约定处理。

就转让技术秘密不侵权的约定，示范文本的条款如下：

乙方保证本项技术秘密的实用性、可靠性，并保证本项技术秘密不侵犯任何第三人的合法权利。如发生第三人指控甲方实施技术秘密侵权的，乙方应当________________________________

在签订本条款时，可以约定因让与人过错造成对第三方侵权的，赔偿受让人因此所造成的损失，建议约定："由乙方承担一切责任，同时甲方有权选择与权利人达成和解，并由乙方支付和解协议所约定的全部费用，以及因侵权纠纷而遭受的全部损失及费用（包括但不限于诉讼/仲裁费、保全费、执行费、律师费、交通费、通信费和差旅费等）。”

（五）技术秘密被公开的后果

技术秘密转让合同在履行过程中，若发现转让的技术秘密已为他人公开的技术，对于受让人构成无法实现合同目的，根据法律规定，可以解除合同。

就技术秘密公开的约定，示范文本的条款如下：

在本合同履行过程中，因本项技术秘密已经由他人公开（以专利权方式公开的除外），一方应在____日内通知另一方解除合同。逾期未通知并致使另一方产生损失的，另一方有权要求予以赔偿。具体赔偿方式：________

____

在签订本条款时，对于具体赔偿方式建议可以直接约定违约金的计算方式，如转让费的几倍或具体的金额。

（六）保密义务的约定

技术秘密转让合同因转让的标的为技术秘密，因此双方要承担相应的保密义务，应明确约定保密内容、涉密人员范围、保密期限及泄密责任。在技术秘密转让合同中，保密内容为技术信息，是指与技术有关的结构、原料、组分、配方、材料、样品、样式、植物新品种繁殖材料、工艺、方法或其步骤、算法、数据、计算机程序及其有关文档等信息。

若一方违反保密义务的，法律规定受到损害的一方可按以下三种方式计算赔偿数额：①按照其因被侵权所受到的实际损失确定；②实际损失难以计算的，按照侵权方因侵权所获得的利益确定；③参照商业秘密许可使用费确定因被侵权所受到的实际损失的，人民法院可根据许可的性质、内容、实际履行情况及侵权行为的性质、情节、后果等因素确定。侵权方恶意实施侵犯商业秘密行为，情节严重的，可以在按照上述方法确定数额的一倍以上五倍以下确定赔偿数额。赔偿数额还应当包括经营者为制止侵权行为所支付的合理开支。

另外，若受损害方因泄密方受到的实际损失、侵权方因侵权所获得的利益难以确定的，由人民法院根据侵权行为的情节（包括但不限于商业秘密的性质、商业价值、研究开发成本、创新程度、能带来的竞争优势，以及侵权人的主观过错、侵权行为的性质、情节、后果等因素）判决给予一方五百万元以下的法定赔偿。上述损失赔偿数额的计算方式是法律关于违反保密义务的规定，双方可选择上述规定进行约定，也可以按本书第二章中“技术合同的主要条款”中的依据合同违约条款的法律规定来约定违约金或损失计算方式。

就技术秘密转让合同中保密义务条款的约定，示范文本条款如下：

双方确定因履行本合同应遵守的保密义务如下

甲方

1. 保密内容（包括技术信息和经营信息）：____________

2. 涉密人员范围：____________

3. 保密期限：____________

4. 泄密责任：____________

乙方

1. 保密内容（包括技术信息和经营信息）：____________

2. 涉密人员范围：____________

3. 保密期限：____________

4. 泄密责任：____________

在签订本条款时，双方应根据合同履行中实际需要签订保密条款。由于咨询有关保密条款的具体约定内容的问题较多，因此，特提供如下示范约定供借鉴使用：①保密内容约定为“在合同履行过程中获知的对方当事人明确书面告知对方需要保密的技术信息”；②涉密人员范围约定为“各方委派的参与本合同项目的参与成员”；③保密期限建议根据项目情况来约定，可以约定为永久保密，或者至本合同项下相关秘密公开之日止，还可以约定为合同履行期间及合同解除或终止后×年内，具体如何选择主要是基于双方对项目中涉及技术秘密性质而定；④泄密责任可以只简单约定“由泄密方承担因此给信息提供方直接造成的实际损失”，但这样约定在发生纠纷时举证工作量较大。建议结合技术秘密的投入、技术价值，明确约定“若一方违反保密约定的，应支付违约金×××元。若违约金不足以赔偿损失的，按实际损失予以赔偿”。对于保密义务的违约责任可以在本条“泄密责任”中进行详细约定，也可以统一在技术秘密转让合同的违约责任条款中进行详细约定。

（七）技术秘密转让费支付的约定

根据《民法典》第846条规定，技术秘密的转让费支付方式可以分为一次支付、分期支付和提成支付三种形式。一次支付，即一次总算，一次总付，这种方式是合同成立后，受让人将合同约定的全部价款、报酬或者使用费一次性支付给让与人；分期支付，即一次总算，分期支付，是合同约定价款、报酬或者使用费在合同中一次性算清，在合同成立后，受让人分几次付清合同约定的价款、报款及使用费；提成支付，即合同约定受让人在接受技术成果后，在实施该项技术成果的过程中所获得的收益，按比例提取部分收入作为转让费用、报酬或者使用费交付给让与人，收益可以约定为产品价格、实施专利或技术成果后新增的产值、利润或者产品销售额的一定比例提成，也可以按照约定的其他方式计算。提成比例可以采取固定比例、逐年递增比例或者逐年递减比例。另外，在实务中，还存在提成支付附加预付入门费的支付方式，是指受让人在合同成立后或者在取得技术成果后向出让人支付部分价款、报酬或者使用费（称入门费或初付费），其余部分按照合同约定的比例提成，并按照合同约定的时间支付。

就转让专利转让费的约定，示范文本的条款如下：

甲方向乙方支付受让该项技术秘密的使用费及支付方式为：

1. 技术秘密使用费总额：____________________

其中：技术服务和指导费：____________________

2. 技术秘密使用费由甲方________（一次、分期或提成）支付乙方。

具体支付方式和时间如下：

（1）____________________

（2）____________________

（3）____________________

乙方开户银行名称、地址和账号：

开户银行：____________________

地址：____________________

账号：____________________

3. 双方确定，甲方以实施该项技术秘密所产生的利益提成支付乙方许可使用费的，乙方有权以________方式查阅甲方有关的会计账目。

4. 甲方应当在本合同生效后____日内开始实施本项技术秘密；逾期未实施的，应当及时通知乙方并予以正当解释，征得乙方认可。甲方逾期____日未实施本项技术秘密且未予解释，影响乙方技术转让提成收益的，乙方有权要求甲方支付违约金或赔偿损失。

在签订本条款时，双方根据技术秘密转让费的实际支付情况予以填写，约定提成支付的，建议约定乙方有权以“单方委托第三方审计或单方委托会计师查账等”的方式，查阅甲方有关的会计账目。具体还可以约定多少期间进行查阅，具体由甲、乙双方协商约定。

（八）技术秘密的验收约定

根据《技术合同会议纪要》第25条规定，技术秘密转让合同对技术成果的验收标准没有约定或者约定不明确的，在适用《民法典》第511条规定时，没有国际标准、行业标准或者专业技术标准的，按照本行业合乎实用的一般技术要求履行。合同约定的可行性分析报告中有关经济效益或者成本指标的预测和分析，不作为合同约定的验收标准，但当事人另有约定的除外。另外，技术秘密验收时，受让人有权取得实施技术成果所必须的技术资料、试验报告和数据，要求让与人进行必要的技术指导，保证所提供的技术成果符合合同约定的条件。

就转让专利转让费的约定，示范文本的条款如下：

双方确定，乙方许可甲方实施本项技术秘密、提供技术服务和技术指导，按以下标准和方式验收：

1. ______________________________

2. ______________________________

3. ______________________________

在签订本条款时，可以先选择约定相关标准，若无统一的标准的，双方可以设定相应的技术指标作为合同的验收标准，除双方另行约定外。有关经济效益或成本指标的预测和分析不作为验收标准的要求。

（九）禁止技术垄断的约定

虽然技术秘密在使用过程中处于保密状态，后续技术的开发行为，除当事人一方自行以专利等方式公开外，一般不为公众所知悉。但禁止技术垄断的条款，依旧适用于技术秘密转让合同。禁止技术垄断的相关法律规定与专利权转让合同中内容相同，具体可以参见专利权转让合同中“（七）关于技术垄断条款的约定”的内容。

就技术秘密转让合同中禁止技术垄断的约定，示范文本的条款如下：

双方确定，在本合同履行中，任何一方不得以下列方式限制另一方的技术竞争和技术发展：

1. ______________________________

2. ______________________________

3. ______________________________

在签订本条款时，相关签订内容可以根据禁止垄断技术的相关法律规定进行约定，同时结合技术秘密转让合同中双方实际情况，进行选择性的约定。

（十）后续改进技术成果归属的约定

根据《民法典》第875条规定，技术秘密转让合同双方可以按照互利的原则，在合同中约定使用技术秘密后续改进的技术成果的分享办法；没有约定或约定不明确，既无法达成补充约定，也无法按照合同有关条款或者交易习惯确定的，一方后续改进的技术成果，其他各方无权分享。就后续改进技术成果归属条款的约定，示范文本条款如下：

双方确定：

1. 甲方有权利用乙方让与的技术秘密进行后续改进，由此产生的具有实质性或者创造性技术进步特征的新的技术成果，归________（甲方、双方）方所有。具体相关利益的分配办法如下：________________

2. 乙方有权对让与甲方的技术秘密进行后续改进。由此产生的具有实质性或创造性技术进步特征的新的技术成果，归________（乙方、双方）方所有。具体相关利益的分配办法如下：________________

____

在签订本条款时，根据相应的法律规定，合同双方可依据技术秘密实施的实际情况对相关利益分配予以约定。例如，约定由一方享有全部权利的，可以约定另一方获得有偿的专利实施许可。

（十一）违约条款的约定

对于技术秘密转让合同的违约责任约定，一般会从让与人的违约责任、受让人的违约责任及让与人的侵权责任三个方面进行约定。

首先，是技术秘密的让与人的违约责任。《民法典》第872条规定，让与人未按照合同约定转让技术秘密的，应当返还部分或者全部信用费，并且应当承担违约责任；使用技术秘密超越合同约定的范围，违反约定擅自许可第三人使用该项技术秘密的，应当停止违约行为，承担违约责任；技术秘密成果达不到合同约定的技术指标的，承担违约责任；违反保密义务，泄露技术秘密，使受让人遭受损失的，承担违约责任，并承担受让人按照约定使用技术秘密侵害他人合法权益的责任。

其次，技术秘密受让人的违约责任。根据《民法典》第 873 条规定，受让人未按照约定支付信用费的，应当补交并按照约定支付违约金；不补交转让费或者支付违约金的，应当停止使用技术秘密，交还技术资料，承担违约责任。若违反保密义务，因泄露技术秘密给让与人造成损失的，应当承担违约责任。

最后，是让与人所转让技术侵犯第三方的合法权益的，应当赔偿受让人因此所造成的损失，但转让人承担该违约责任有三个前提。

（1）受让人严格按照合同约定使用技术秘密，不存在超过约定范围使用合同标的技术的行为；

（2）受让人不存在故意，即受让人并不知道实施的技术成果是侵犯他人合法权益。受让人如果明知，则与转让人共同承担赔偿责任。

（3）受让人使用合同标的技术的行为事实上构成了侵权。在发生侵权纠纷案件时，让与人与受让人应共同承担应诉的责任，负担诉讼费用，赔偿因使用行为给他人造成的损失。让与人与受让人内部对损失的分配，应依据有关法律规定或合同约定处理。

可基于上述法律规定及释义，就违约条款的约定，示范文本条款如下：

双方确定，按以下约定承担各自的违约责任：

1. ______方违反本合同第____条约定，应当________________（支付违约金或损失赔偿额的计算方法）。

2. ______方违反本合同第____条约定，应当________________（支付违约金或损失赔偿额的计算方法）。

3. ______方违反本合同第____条约定，应当________________（支付违约金或损失赔偿额的计算方法）。

4. ______方违反本合同第____条约定，应当________________（支付

违约金或损失赔偿额的计算方法)。

在签订本条款时，应先针对确保合同顺利履行的主要条款约定相应的违约责任。如何承担具体的违约责任，可以参见本书第二章中“合同的违约条款”的内容。结合本条上述的相关法律规定，约定相应的违约责任。

(十二) 指定项目联系人的约定

就技术秘密转让合同的指定项目联系人，对合同履行中相关技术材料的收讫、相关问题的沟通都十分重要，也是发生纠纷时掌握合同履行细节的关键人。让与人和受让人应在合同中就各自项目联系人做出指定，明确其具体负责的相关事宜。就指定项目联系人条款的约定，示范文本条款如下：

双方确定，在本合同有效期内，甲方指定__________为甲方项目联系人，乙方指定__________为乙方项目联系人。项目联系人承担以下责任：

1. ____

2. ____

3. ____

一方变更项目联系人的，应当及时以书面形式通知另一方。未及时通知并影响本合同履行或造成损失的，应承担相应的责任。

在签订本条款时，可以约定项目联系人承担以下事务：

(1) 对该合同各条款相关事宜及时进行沟通。

(2) 沟通协调项目推进中遇到的问题，按进度推进工作，履行各自义务。

(3) 项目进展沟通交流，就重大事项呈报各自单位审批确定等。双方可根据项目实际情况予以修改具体内容。

(十三) 合同解除的约定

技术秘密转让合同在履行过程中也会发生不可抗力情形，或使双方无继续履行合同的其他情形，导致合同解除。不可抗力条款发生时，合同双方均无须承担违约责任，合同可予以解除。另外，当出现技术风险时，合同也可予以解除。根据《技术合同会议纪要》第27条规定，有下列情况之一，使技术合同的履行成为不必要或者不可能时，合同一方可以基于一方迟延履行债务或者有其他违约行为致使不能实现合同目的为由，解除合同：

(1) 因一方违约致使履行合同必备的物质条件灭失或者严重破坏，无法替代或者修复的。

(2) 技术合同标的的项目或者技术因违背科学规律或者存在重大缺陷，无法达到约定的技术、经济效益指标的。

就合同解除的约定，示范文本条款如下：

双方确定，出现下列情形，致使本合同的履行成为不必要或不可能的，可以解除本合同：

(1) 发生不可抗力；

(2) ______________________________

(3) ______________________________

在签订本条款时，可在2、3项约定：因一方违约导致履行合同必备的物质条件灭失或者严重破坏，无法替代或者修复的；技术合同标的的项目或者技术因违背科学规律或者存在重大缺陷，无法达到约定的技术、经济效益指标的。除可以约定上述法律文件规定的情形外，本条款也可以根据实际情况增加其他情形。

(十四) 争议解决条款的约定

技术秘密转让合同的争议解决条款的约定与专利申请权转让合同中一致，可参考转让申请权转让合同中“(十三) 争议解决条款的约定”的内容。

就技术秘密转让合同中争议解决条款的约定，示范文本条款如下：

双方因履行本合同而发生的争议，应协商、调解解决。协商、调解不成的，确定按以下第____种方式处理：

1. 提交________________仲裁委员会仲裁；

2. 依法向人民法院起诉。

在签订本条款时，需结合本项目的实际情况，综合考虑后对争议处理方式进行约定。关于争议解决条款的约定内容，可参阅本书第二章“技术合同的主要条款”中合同的争议解决条款。应注意，对于技术合同纠纷若选择人民法院起诉，一般由中级以上人民法院管辖。

（十五）技术秘密转让合同其他条款的约定

技术秘密转让合同中，还可对合同所涉有关名词和技术术语、合同附件包含内容，特别是技术文件等做出相应的约定。就该部分内容，示范文本条款如下：

一、双方确定：本合同及相关附件中所涉及的有关名词和技术术语，其定义和解释如下：

1. ______________________________

2. ______________________________

3. ______________________________

4. ______________________________

5. ______________________________

二、与履行本合同有关的下列技术文件，经双方确认后，__________为本合同的组成部分：

1. 技术背景资料：______________________

2. 可行性论证报告：____________________

3. 技术评价报告：______________________

4. 技术标准和规范：____________________

5. 原始设计和工艺文件：________________

6. 其他：______________________________

三、双方约定本合同其他相关事项：____________________

____

____

在签订本条款时，就尚未标准化或通常惯例的名词、技术术语要作明确约定和解释，以防止合同条款理解上的歧义或误解。技术合同有别于其他合同的特点在于其技术性，相关技术文件是技术合同不可或缺的核心内容。另外，示范文本特别留了其他相关事项的补充约定条款，双方可就合同文本中未考虑到内容，在这里予以约定。

第五章
技术许可合同

一、技术许可合同的定义及分类

《民法典》第 862 条第 2 款规定，技术许可合同是合法拥有技术的权利人，将现有特定的专利、技术秘密的相关权利许可他人实施、使用所订立的合同。技术许可合同中关于提供实施技术的专用设备、原材料或者提供有关咨询、技术服务的约定，属于合同的组成部分。技术许可，是指技术所有权人或被授权人将其所有的或者享有许可权的技术，许可其他主体实施的行为。

《民法典》第 863 条第 2 款规定，技术许可合同包括专利实施许可、技术秘密使用许可等合同。专利实施许可合同，是指专利权人或者其授权的人作为许可人许可被许可人在约定的范围内实施专利，被许可人支付约定使用费所订立的合同。技术秘密使用许可合同，是指许可人将拥有的技术秘密成果许可他人使用，由被许可人支付约定使用许可费所订立的合同。《专利法》第 12 条规定，任何单位或者个人实施他人专利的，应当与专利权人订立实施许可合同，向专利权人支付专利使用费。被许可人无权允许合同规定以外的任何单位或者个人实施专利。专利实施许可合同转让的是专利使用权，转让后被许可人有权在约定的范围内使用专利。

考虑到专利许可与技术秘密许可在法律规定上基本相似，因此技术许可合同章节以专利实施许可合同为示范文本进行签订说明。

二、专利实施许可合同的签订

专利实施许可合同签订的条款，除第二章技术合同的主要条款中说明的内容外，为明确专利实施许可过程中合同双方的权利义务，避免因合同约定不清而产生不必要的纠纷，专利实施许可合同签订时一般包括以下主要约定：

（1）专利实施许可合同标的约定。

（2）许可人履行义务的约定。

（3）验收条款的约定。

（4）专利许可使用费支付的约定。

（5）许可的专利不侵权的保证约定。

（6）保证专利有效的约定。

（7）禁止技术垄断的约定。

（8）后续改进技术成果归属的约定。

（9）合同变更与转让的约定。

（10）违约责任的约定。

（11）指定项目联系人的约定。

（12）合同解除的约定。

（13）争议解决条款的约定。

（14）专利实施许可合同的其他约定。

（一）专利实施许可合同标的约定

专利实施许可合同的标的为专利使用权，被许可人获得一定期限内实施该项专利的权利，并不因此而获得被许可专利的所有权。根据《技术合同司法解释》第25条对专利实施许可方式的规定，被许可人实施专利的方式可分为独占、排他和普通三种实施许可方式。独占实施许可，是指许可人在约定许可实施专利的范围内，将该专利权许可一个被许可人实施，许可人依约定不得实施该专利；排他实施许可，是指许可在约定许可实施专利的范围内，将该专利权许可一个被许可人实施，但许可人依约定可以自行实施该专利[1]；普通实施许可，是指许可人在约定许可实施专利的范围内许可他人实施该专利，并且可以自行实施该专利。

《民法典》第864条及《技术合同司法解释》第28条规定，专利许可合同可以约定实施专利的范围。实施专利的范围，包括实施的期限、地域、方式及接触的人员等，当事人对实施专利的期限没有约定或者约定不明确的，被许可实施专利不受期限限制。

基于上述法律规定，就专利实施许可合同标的约定，示范文本的条款如下：

本合同乙方以________（独占、排他、普通）方式________许可甲方实施其所拥有的________专利权，甲方受让该项专利的实施许可并支付相应的实施许可使用费。双方经过平等协商，在真实、充分地表达各自意愿的基础上，根据《中华人民共和国民法典》的规定，达成如下协议，并由双方共同恪守。

一、本合同许可实施的专利权：

1. 为________（发明、实用新型、外观设计）专利。

2. 发明人/设计人：________

3. 专利权人为：________

4. 专利授权日：________

5. 专利号：________

6. 专利有效期限：________

7. 专利年费已交至________

二、乙方许可甲方以如下范围、方式和期限实施本项专利：

---

[1] 《技术合同司法解释》第27条规定，排他实施许可合同许可人不具备独立实施其专利的条件，以一个普通许可的方式许可他人实施专利的，人民法院可以认定为许可人自己实施专利，但当事人另有约定的除外。

1. 实施方式：____

2. 实施范围：____

3. 实施期限：____

在签订本条款时，合同双方应根据实施许可的专利的实际情况填写相关信息。但应注意，对于排他许可人在不具备独立实施专利技术的情况下，能否委托一家第三方实施专利，以及被许可人能否以除普通许可之外的方式许可第三方实施专利，若双方意愿与法律规定的默认情形不同的，务必另行约定。

就被许可人实施专利的范围、方式及期限的约定，可以参考以下内容：

(1) 期限范围，专利实施许可的期限不得超过整个专利权存续期（或称专利权有效期）。

(2) 使用地区范围，技术许可人可以在合同中规定被许可使用合同标的的地区，即在其取得专利权的国家境内实施专利技术的地理范围，其中包括与实施专利技术相联系的产品制造、使用和销售的地区。

(3) 实施方式的范围，当合同标的的实施表现为某种特定的工艺技术(方法)，并且该技术可以用于多种用途和目的时，许可人可以在合同中规定被许可人只能将其用于一种或几种用途和目的。

(二) 许可人履行义务的约定

《民法典》第 866 条规定，专利实施许可合同的许可人应当按照约定许可被许可人实施专利，交付实施专利有关的技术资料，提供必要的技术指导。《民法典》第 870 条规定，技术许可合同的许可人应当保证自己是所提供的技术的合法拥有者，并保证所提供的技术完整、无误、有效，能够达到约定的目标。

就许可人履行义务约定，示范文本的条款如下：

一、为保证甲方有效实施本项专利，乙方应向甲方提交以下技术资料：

1. ____

2. ____

3. ____

4. ____

二、乙方提交技术资料的时间、地点、方式如下：

1. 提交时间：______________________________

2. 提交地点：______________________________

3. 提交方式：______________________________

三、为保证甲方有效实施本项专利，乙方向甲方转让与实施本项专利有关的技术秘密：

1. 技术秘密的内容：______________________

2. 技术秘密的实施要求：__________________

3. 技术秘密的保密范围和期限：____________

四、为保证甲方有效实施本项专利，乙方向甲方提供以下技术服务和技术指导：

1. 技术服务和技术指导的内容：____________

2. 技术服务和技术指导的方式：____________

五、本合同签署后，由____方负责在____日内办理专利权许可备案登记事宜。

在签订本条款时，应明确约定让与人提供相关技术资料的内容范围、提供时间及方式，特别是明确技术资料清单的内容，应逐项列明。同时，应对实施该项专利相关技术秘密的内容、实施要求及保密范围、期限进行明确约定，具体内容应根据实际情况进行约定。同时，双方应由专利权许可的备案登记的时间及负责方进行明确约定。

(三) 验收条款的约定

专利许可合同对许可实施的专利的验收标准没有约定或者约定不明确，同时也没有国际标准、行业标准、专业技术标准的，按照本行业合乎实用的一般技术要求履行。另外，根据《技术合同会议纪要》第25条规定，合同约定的可行性分析报告中有关经济效益或者成本指标的预测和分析，不作为合同约定的验收标准，但当事人另有约定的除外。

专利交付时，被许可人有权取得实施技术成果所必需的技术资料、试验报告和数据，要求许可人进行必要的技术指导，保证所提供的专利技术符合合同约定的条件。就验收条款的约定，示范文本的条款如下：

双方确定，乙方许可甲方实施本项专利及转让技术秘密、提供技术服务和技术指导，按以下标准和方式验收：

1. ____

2. ____

3. ____

在签订本条款时，建议可以先选择约定相关标准。若无统一的标准的，双方可以设定相应的技术指标作为合同的验收标准。原则上，有关经济效益或成本指标的预测和分析不作为验收标准的要求。

（四）专利许可使用费支付的约定

根据《民法典》第846条规定，专利许可使用费的支付方式可以分为一次支付、分期支付或提成支付三种形式。一次支付，即一次总算，一次总付，这种方式是合同成立后，被许可人将合同约定的全部价款、报酬或者使用费一次性支付给许可人；分期支付，即一次总算，分期支付，是合同约定价款、报酬或者使用费在合同中一次性算清，在合同成立后，被许可人分几次付清合同约定的价款、报酬及使用费；提成支付，即合同约定被许可人在接受技术成果后，在实施该项技术成果的过程中所获得的收益，按比例提取部分收入作为许可费用、报酬交付给许可人，收益可以约定为产品价格、实施专利或技术成果后新增的产值、利润或者产品销售额的一定比例提成，也可以按照约定的其他方式计算。提成比例可以采取固定比例、逐年递增比例、逐年递减比例。另外，在实务中，还存在提成支付附加预付入门费的支付方式，是指被许可人在合同成立后或者在取得技术成果后向许可人支付部分价款、报酬或者使用费（称入门费或初付费），其余部分按照合同约定的比例提成，并按照合同约定的时间支付。

就专利许可使用费的约定，示范文本的条款如下：

甲方向乙方支付实施该项专利权使用费及支付方式为：

1. 许可实施使用费总额为：________

其中：技术秘密的使用费为：________

技术服务和指导费为：________

2. 许可实施使用费由甲方________（一次、分期或提成）支付乙方。

具体支付方式和时间如下：

(1)________

(2)________

(3)________

乙方开户银行名称、地址和账号为：

开户银行：________

地址：________

账号：________

3. 甲方应当在本合同生效后____日内开始实施本项专利；逾期未实施的，应当及时通知乙方并予以正当解释，征得乙方认可。甲方逾期____日未实施本项专利且未予解释，影响乙方技术转让提成收益的，乙方有权要求甲方支付违约金或赔偿损失。

4. 双方确定，甲方以实施专利技术所产生的利益提成支付乙方许可使用费的，乙方有权以________方式查阅甲方有关的会计账目。

在签订本条款时，双方根据专利实施使用费的实际支付情况予以填写，约定提成支付的，建议约定许可人有权以“单方委托第三方审计或单方委托会计师查账等”的方式，查阅被许可人有关的会计账目。具体还可以约定多少期间进行查阅，具体由许可人与被许可人双方协商约定。

（五）许可的专利不侵权的保证约定

《民法典》第874条规定，许可人所许可实施专利侵犯第三方的合法权益的，应当赔偿被许可人因此所造成的损失。许可人承担该违约责任有三个前提：

（1）被许可人严格按照合同约定使用专利或技术秘密，不存在超过约定范围使用合同标的技术的行为。

（2）被许可人不存在故意，即被许可人并不知道实施的技术成果是侵犯他人合法权益，如果明知，则与转让人共同承担赔偿责任。

（3）被许可人使用合同标的技术的行为事实上构成了侵权。在发生侵权纠纷案件时，许可人与被许可人应共同承担应诉的责任，负担诉讼费用，赔偿因使用行为给他人造成的损失。许可人与被许可人内部对损失的分配，依据有关法律规定或合同约定处理。

就许可的专利不侵权的保证约定，示范文本的条款如下：

乙方应当保证其专利权实施许可不侵犯任何第三人的合法权益，如发生第三人指控甲方侵犯专利权的，乙方应当________________________。

在签订本条款时，可以约定因许可人过错造成对第三方侵权的，赔偿被许可人因此所造成的损失，建议约定："由乙方承担一切责任，同时甲方有权选择与权利人达成和解，并由乙方支付和解协议所约定的全部费用，以及因侵权纠纷而遭受的全部损失及费用（包括但不限于诉讼/仲裁费、保全费、执行费、律师费、交通费、通信费和差旅费等）。"

（六）保证专利有效性的约定

《民法典》第865条规定，专利实施许可合同仅在该专利权有存续期限内有效。专利权有效期限届满或者专利权被宣告无效的，专利权人不得就该专利与他人订立专利实施许可合同。同时，根据《专利法》规定，发明专利权的期限为20年，实用新型专利权的期限为10年，外观设计专利权的期限为15年，均自申请之日起计算。专利实施许可合同只在专利有效期内有效，因为一旦专利权被宣布无效或有效期届满，转让人对该专有技术已不再享有专利权，合同自然无存在的必要。这时“专有技术”变成了公有技术，社会公众均可自由免费地使用该技术。

专利实施许可合同的许可人应当在合同有效期内维持专利有效性，所以如果专利实施许可合同期限超过该专利权的存续期间的，专利权存续期间届满后，专利实施许可合同自动终止；专利权被宣告无效后，对已经履行的专利实施许可合同不具追溯力，即许可人不退还许可使用费，因为被许可人已通过实施专利技术获利。但专利权人不向被许可人返还专利使用费明显违背公平原则的，专利权人应向被许可人返还全部或部分专利使用费。另外，专利权人未按时缴纳年费以及缴纳年费数额不足的，在专利局通知补缴的6个月内未补缴而导致专利权终止的，专利权实施许可合同也因此终止。给被许可人造成损失，专利权人应赔偿损失。因此，就许可方保证专利有效性条款的约定，示范文本的条款如下：

乙方应当在本合同有效期内维持本项专利权的有效性。如由于乙方过错致使本项专利权终止的，乙方应当按本合同第十六条的约定，支付甲方违约金或赔偿损失。

本项专利权被国家专利行政主管机关宣布无效的，乙方应当赔偿甲方损失，但甲方已给付乙方的使用费，不再返还。

（七）禁止技术垄断条款的约定

《民法典》第850条规定，非法垄断技的技术合同无效。同时，《技术合同司法解释》第10条根据TRIPs和《对外贸易法》相关规定，并参考国外立法和判例，列举了的“非法垄断技术”具体类型如下。

（1）限制合同一方在合同标的技术基础上进行新的研究开发或者限制其使用所改进的技术，或者双方交换改进技术的条件不对等，包括要求一方将其自行改进的技术无偿提供给对方、非互惠性转让给对方、无偿独占或者共享该改进技术的知识产权。

(2) 限制合同一方从其他来源获得与技术提供方类似技术或者与其竞争的技术。

(3) 阻碍合同一方根据市场需求，按照合同方式充分实施合同标的技术，包括明显不合理地限制技术接受方实施合同标的技术生产产品或者提供服务的数量、品种、价格、销售渠道和出口市场。

(4) 要求技术接受方接受并非实施技术必不可少的附带条件，包括购买非必要的技术、原材料、产品、设备、服务及接受非必需的人员等。

(5) 不合理地限制技术接受方购买原材料、零部件、产品或者设备等的渠道或者来源。

(6) 禁止技术接受方对合同标的技术知识产权的有效性提出异议或者对提出异议附加条件。

就禁止技术垄断条款的约定，示范文本的条款如下：

双方确定，在本合同履行中，任何一方不得以下列方式限制另一方的技术竞争和技术发展：

1. ______________________________

2. ______________________________

3. ______________________________

在签订本条款时，相关签订内容可以结合上述规定，结合专利实施许可合同中双方实际情况，进行选择性的约定。

(八) 后续改进技术成果归属条款的约定

根据《民法典》第 875 条规定，专利实施许可合同双方可以按照互利的原则，在合同中约定实施专利后续改进的技术成果的分享办法；没有约定或者约定不明确，既无法达成补充约定的，也无法按照合同有关条款或者交易习惯确定的，一方后续改进的技术成果，其他各方无权分享。就后续改进技术成果归属的约定，示范文本的条款如下：

双方确定：

1. 甲方有权利用乙方许可实施的专利技术和技术秘密进行后续改进。由此产生的具有实质性或创造性技术进步特征的新的技术成果，归________（甲、双）方所有。具体相关利益的分配办法如下：________________

2. 乙方有权在许可甲方实施该项专利权后，对该项专利权涉及的发明创造及技术秘密进行后续改进。由此产生的具有实质性或创造性技术进步特征的新的技术成果，归________（乙、双）方所有。具体相关利益的分配办法如下：________________

在签订本条款时，专利实施许可合同的双方可以根据上述法律规定，依据技术实施的实际情况对相关利益分配予以约定。例如，约定一方享有后续技术的所有权时，可以约定另一方可获得有偿的专利实施许可。

（九）合同变更与转让的约定

实践中，专利实施许可合同双方若协商一致，可以对合同条款进行变更。例如，经许可人同意，被许可人可以将许可的专利再许可给第三人；或排他许可的被许可人同意许可人可以许可不超过两家的第三人实施专利等。因此，就合同变更与转让条款的约定，示范文本条款如下：

本合同的变更必须由双方协商一致，并以书面形式确定。但有下列情形之一的，一方可以向另一方提出变更合同权利与义务的请求，另一方应当在____日内予以答复；逾期未予答复的，视为同意：

1. ________________
2. ________________
3. ________________
4. ________________

(十) 违约条款的约定

对于专利实施许可合同的违约责任约定，一般会从许可人的违约责任、被许可人的违约责任及许可人的侵权责任三个方面进行约定。

首先，专利实施许可合同中许可人的违约责任。《民法典》第 872 条规定，许可人未按照合同约定许可专利技术，应当返还部分或者全部使用费，并且承担违约责任；使用专利技术超越合同约定的范围，违反约定擅自许可第三人使用该项专利技术，应当停止违约行为，承担违约责任；违反保密义务，承担违约责任；承担被许可人按照约定使用专利技术侵害他人合法权益的责任。

其次，专利实施许可合同中被许可人的违约责任。《民法典》第 873 条规定，被许可人未按照约定支付使用费，应当补交使用费并按照约定支付违约金；不补交使用费或者支付违约金的，应当停止使用专利技术，交还技术资料，承担违约责任。使用专利技术超越约定范围，未经许可人同意擅自许可第三人使用该专利技术的，应当停止违约行为，承担违约责任。若违反保密义务的，应当承担违约责任。

最后，许可人所转让技术侵犯第三方的合法权益的，根据《民法典》第 874 条规定，应当赔偿被许可人因此所造成的损失，但许可人承担该违约责任有三个前提：

(1) 被许可人严格按照合同约定使用技术秘密，不存在超过约定范围使用合同标的技术的行为。

(2) 被许可人不存在故意，即被许可人并不知道实施的技术成果是侵犯他人合法权益，如果明知，则与许可人共同承担赔偿责任。

(3) 被许可人使用合同标的技术的行为事实上构成了侵权。在发生侵权纠纷案件时，许可人与被许可人应共同承担应诉的责任，负担诉讼费用，赔偿因使用行为给他人造成的损失。许可人与被许可人内部对损失的分配，依据有关法律规定或合同约定处理。因此，就违约条款的约定，示范文本的条款如下：

双方确定，按以下约定承担各自的违约责任：

1. ______方违反本合同第____条约定，应当__________________（支付违约金或损失赔偿额的计算方法）。

2. ______方违反本合同第____条约定，应当__________________（支付违约金或损失赔偿额的计算方法）。

3. ______方违反本合同第____条约定，应当__________________（支付违约金或损失赔偿额的计算方法）。

4. ______方违反本合同第____条约定，应当__________________（支付违约金或损失赔偿额的计算方法）。

在签订本条款时，应先针对确保合同顺利履行的主要条款约定相应的违约责任。具体如何承担违约责任，可以参见本书第二章中“合同的违约条款”的内容。同时，还可以结合本条上述的相关法律规定，约定相应的违约责任。

（十一）指定项目联系人的约定

专利实施许可合同中的指定项目联系人，对合同履行中相关技术材料的收讫、相关问题的沟通都十分重要，也是发生纠纷时掌握合同履行细节的关键人。许可人和被许可人应在合同中指定各自项目联系人，明确其具体负责的相关事宜。就指定项目联系人条款的约定，示范文本条款如下：

双方确定，在本合同有效期内，甲方指定________为甲方项目联系人，乙方指定__________为乙方项目联系人。项目联系人承担以下责任：

1. ____

2. ____

3. ____

一方变更项目联系人的，应当及时以书面形式通知另一方。未及时通知并影响本合同履行或造成损失的，应承担相应的责任。

（十二）合同解除的约定

专利实施许可合同在履行过程中也会发生不可抗力情形，或使双方无继续履行合同的其他情形，导致合同解除。不可抗力条款发生时，合同双方均无须承担违约责任，合同可予以解除。另外，当出现技术风险时，合同也可予以解除。根据《技术合同会议纪要》第 27 条规定，有下列情况之一，使技术合同的履行成为不必要或者不可能时，合同一方可以基于一方迟延履行债务或者有其他违约行为致使不能实现合同目的为由，解除合同：

(1) 因一方违约致使履行合同必备的物质条件灭失或者严重破坏，无法替代或者修复的。

(2) 技术合同标的的项目或者技术因违背科学规律或者存在重大缺陷，无法达到约定的技术、经济效益指标的。就合同解除的约定，示范文本条款如下：

双方确定，出现下列情形，致使本合同的履行成为不必要或不可能，可以解除本合同：

1. 发生不可抗力；

2. ______________________________

3. ______________________________

在签订本条款时，除参考上述法律文件规定的情形外，专利实施许可合同双方可以根据实际情况增加其他情形。

（十三）争议解决条款的约定

合同中的争议解决条款，是就双方合同履行过程中发生争议时，无法通过自行协商解决时，双方按争议解决条款约定选择处理纠纷的机构和区域的约定。一般有仲裁和法院审理两种解决方式。两者的区别如下：

(1) 审理程序不同，仲裁为一裁终局，而法院诉讼是二审终审，同时还可以提起再审。从审理程序上看，仲裁处理时间比法院审理时间短。

(2) 从案件是否公开而言，仲裁案件审理为不公开审理方式；而诉讼案件一般为公开审理。除案件有符合不公开审理的条件（如涉及技术秘密等）的，可申请不公开审理。

(3) 费用对比，仲裁案件的受理费比法院一审诉讼费用要高，但若案件经历一审二审，合计的相关的诉讼费用会比仲裁费用高。就争议解决条款的约定，示范文本条款如下：

双方因履行本合同而发生的争议，应协商、调解解决。协商、调解不成的，确定按以下第____种方式处理：

1. 提交______________________仲裁委员会仲裁；

2. 依法向人民法院起诉。

在签订本条款时，需结合本项目的实际情况，综合考虑后对争议处理方式进行约定。关于争议解决条款的约定内容，可参阅本书第二章“技术合同的主要条款”中合同的争议解决条款。应注意，对于技术合同纠纷若选择人民法院起诉，一般由中级以上人民法院管辖。

(十四) 专利实施许可合同其他条款的约定

专利实施许可合同中，还可对合同所涉有关名词和技术术语、合同附件包含内容，特别是技术文件等做出相应的约定。就该部分内容，示范文本条款如下：

一、双方确定：本合同及相关附件中所涉及的有关名词和技术术语，其定义和解释如下：

1. ____

2. ____

3. ____

4. ____

5. ____

二、与履行本合同有关的下列技术文件，经双方确认后，__________为本合同的组成部分：

1. 技术背景资料：________________________

2. 可行性论证报告：________________________

3. 技术评价报告：________________________

4. 技术标准和规范：________________________

5. 原始设计和工艺文件：________________________

6. 其他：________________________

三、双方约定本合同其他相关事项：________________________

____

____

在签订本条款时，就尚未标准化或通常惯例的名词、技术术语要作明确约定和解释，以防止合同条款理解上的歧义或误解。技术合同有别于其他合同的特点在于其技术性，相关技术文件是技术合同不可或缺的核心内容。此外，示范文本特别留了其他相关事项的补充约定条款，双方可就合同文本中未考虑到内容进行约定。

第六章

技术咨询合同和技术服务合同

一、技术咨询合同的定义

《民法典》第 878 条规定，技术咨询合同是当事人一方以技术知识为对方就特定技术项目提供可行性论证、技术预测、专题技术调查、分析评价报告等所订立的合同。本条在《合同法》第 356 条第 1 款基础上修改，在技术咨询合同概念中增加了“当事人一方以技术知识为对方就特定技术项目提供……”的表述，将原来的开放式列举性规定修改为定义性规定，强调了技术咨询合同的技术性特点，同时与技术服务合同的相关表述相一致。

技术咨询合同有三个主要特点。

（1）合同的标的为特定技术项目的咨询课题。特定技术项目分为三类：一是有关科学技术与经济社会协调发展的软科学研究项目；二是运用科学知识和技术手段促进科技进步和管理现代化、提高经济效益和社会效益的专业性技术项目；三是其他专业技术项目，如科技评估和技术查新项目。

（2）合同履行内容为运用科学知识和技术手段进行分析、论证、评价和预测。这是技术咨询合同的核心特征，利用非科学类专门知识进行分析论证的，不属于技术咨询。例如，就经济分析、法律咨询、社会发展项目的论证、评价和调查所订立的合同，就购买设备、仪器、原材料、配套产品等提供商业信息所订立的合同，均不属于技术咨询合同。

（3）合同的工作成果是为委托方提供科技咨询报告和意见。咨询课题的目的是通过咨询为研究和决策提供参考，并非为解决特定、具体的技术问题，这是其区别技术服务合同的重要特征。

二、技术咨询合同的签订

除第二章技术合同主要条款中说明的内容外，为明确技术咨询合同履行过程中合同各方的权利和义务，避免因合同约定不清而产生不必要的纠纷，技术咨询合同签订时一般包括以下主要约定：

（1）技术咨询合同的内容、要求和方式。

（2）委托人的协作义务。

（3）受托方履行义务条款的约定。

（4）支付条款的约定。

（5）保密义务的约定。

（6）合同变更条款的约定。

（7）验收条款的约定。

（8）违约责任的约定。

（9）创新技术成果归属条款的约定。

（10）指定项目联系人的约定。

（11）合同解除的约定。

（12）争议解决条款的约定。

（13）技术咨询合同的其他约定。

（一）技术咨询合同的内容、要求和方式

《民法典》第879条规定，技术咨询合同的委托人（甲方）应当按照约定阐明咨询的问题，提供技术背景材料及有关技术资料，接受受托人的工作成果，并支付报酬。在订立技术咨询合同过程中，先要明确的是技术咨询的内容，即委托人需要咨询的问题，明确自己的服务需求，以便受托人

有针对性地解答问题，提供咨询服务。委托人所要咨询的问题是技术咨询合同的主要合同标的，不仅涉及受托人的工作内容和范围，而且影响报酬的确定。因为咨询服务报酬的确定与受托人的工作量密切相关，而咨询问题的多少和复杂程度，直接决定了服务方的工作量。

就咨询的内容、要求和方式约定，示范文本条款如下：

甲方进行技术咨询的内容、要求和方式：

1. 咨询内容：______________________________

____

2. 咨询要求：______________________________

____

____

3. 咨询方式：______________________________

____

____。

因此，在实际签订咨询合同时，委托人应明确咨询需求与问题。在订立技术咨询合同时，委托人作为服务需求方，应该针对特定项目阐明自己所咨询的问题，讲清所要咨询技术问题的基本要求、基本要点等，以便受托人有针对性地解答问题或提供咨询服务。

（二）委托人的协作义务

委托人明确了自己的需求和问题后，还需要全面、完整地向受托人披露咨询问题所涉及的技术背景资料、技术资料。委托人提供的技术背景资料的准确性和完整性将直接决定了受托人工作成果的质量（咨询意见的全面性、准确性）。因委托人提供的资料存在缺陷，导致受托人提供的工作成果存在错误的，应该由委托人承担责任。另外，《技术合同会议纪要》第 73 条规定，技术咨询合同的受托人发现委托人提供的资料、数据等有明显错误和缺陷的，应当及时通知委托人，委托人应当及时答复并在约定的期限内予以补正。受托人发现前款所述问题不及时通知委托人的，视为其认可委托人提供的技术资料、数据等符合约定的条件。就委托人协作义务约定，示范文本条款如下：

为保证乙方有效进行技术咨询工作，甲方应当向乙方提供下列协作事项：

1. 提供技术资料：

(1) ______________________________

(2) ______________________________

(3) ______________________________

(4) ______________________________

2. 提供工作条件：

(1) ______________________________

(2) ______________________________

(3) ______________________________

(4) ______________________________

3. 其他：______________________________

____

甲方提供上述协作事项的时间及方式：______________。

因此，在实际签订咨询合同时，委托方应全面、完整、准确地披露相应技术背景资料和材料，并对这些资料的准确性和完整性承担责任。因委托人提供的资料存在缺陷，导致受托人提供的工作成果存在错误的，应该由委托人承担责任。在实践中，如果委托人提供的资料不全、信息不全、数据欠缺，受托人可以要求委托人补充提交。因每个特定的项目的具体情况不同，需要双方就提供的方式、提供的期限、提供的范围和内容等，根据实际情况予以细化。也就是说，在签订时，不仅要明确交付的相关技术资料，而且需要明确交付的时间，以及委托人收到这些资料后发现问题，要求补正的回馈时间；同时，应明确受托人的通知义务。技术咨询合同的受托人发现委托人提供的资料、数据等有明显错误和缺陷的，应当及时通知委托人，委托人应当及时答复并在约定的期限内予以补正。受托人发现前款所述问题不及时通知委托人的，视为其认可委托人提供的技术资料、数据等符合约定的条件。

（三）受托方履行义务条款的约定

《民法典》第880条规定，技术咨询合同的受托人应当按照约定的期限完成咨询报告或者解答问题，提出的咨询报告应当达到约定的要求。在技术咨询服务中，受托人的主要义务就是针对特定项目，及时解答委托人提出的问题或者提供合格的咨询报告。其具体要求如下。

（1）受托人应该按照约定期限提供咨询服务，具体的期限原则上按工作日为计算单位。

（2）受托人应该按照约定完成咨询报告或者解答的问题。提交的工作成果，包括口头解答、书面解答、提供可行性论证、技术预测、专题技术调查、分析评价报告等。受托人完成咨询报告后，需交给委托人，未提交不视为完成义务。

（3）受托人提出咨询报告应当达到约定的要求，否则构成服务质量不合格，需要承担违约责任。就受托方履行义务的约定，示范文本条款如下：

乙方应当按照下列进度要求进行本合同项目的技术咨询工作：________
____

本条款在技术咨询合同的签订时十分重要，受托人应在合同中明确约定技术咨询工作的完成期限，交付成果内容及成果要求。

（四）支付条款的约定

《民法典》第879条规定了技术咨询合同的委托人义务，其中支付报酬作为委托人必须履行的最基本的义务，也是受托人完成咨询合同的主要目的。对技术咨询合同的价款、报酬和使用费，合同各方没有约定或者约定不明确的，人民法院按以下原则处理：根据咨询服务工作的技术含量、质量和数量，以及已经产生和预期产生的经济效益等合理确定。技术合同价款、报酬、使用费中包含非技术性款项的，应当分项计算。在确定报酬时，除了考量受托人的工作量和受托人工作成果的质量和技术含量，同时还应考察咨询意见给委托人带来的经济效益等因素进行综合分析判断，不能单纯看工作量。

另外，根据《民法典》第886条之规定，在技术咨询合同履行过程中，受托人因开展工作所支出的费用没有约定或约定不明确的，由受托人负担。在技术咨询合同履行过程中，受托人为完成约定事项，需要支出一定的费用，如开展调查研究、分析论证、试验测定等都需要支付相关的费用。这些费用若双方无特别约定的，视为该费用已包含在技术咨询报酬中。就支付条款的约定，示范文本条款如下：

甲方向乙方支付技术咨询报酬及支付方式：

1. 技术咨询报酬总额：____________________

2. 技术咨询报酬由甲方__________（一次或分期）支付乙方。

具体支付方式和时间如下：

(1) ____________________

(2) ____________________

(3) ____________________

乙方开户银行名称、地址和账号：

开户银行：____________________

地址：____________________

账号：____________________

因此，基于上述法律规定，在约定该条款时，对于相关费用的承担，建议根据技术咨询合同的实际情况作具体的约定。

（五）保密义务的约定

技术咨询合同双方要承担相应的保密义务，需要在技术咨询合同中明确约定保密内容、涉密人员范围、保密期限以及泄密责任。一般而言，保密内容主要包括技术信息和经营信息。技术信息，是指与技术有关的结构、原料、组分、配方、材料、样品、样式、植物新品种繁殖材料、工艺、方法或其步骤、算法、数据、计算机程序及其有关文档等信息。经营信息，是指与经营活动有关的创意、管理、销售、财务、计划、样本、招投标材料、客户信息和数据等信息。

若一方违反技术咨询合同保密义务的，法律规定受到损害的一方可按以下三种方式计算赔偿数额：①按照其因被侵权所受到的实际损失确定；②实际损失难以计算的，按照侵权方因侵权所获得的利益确定；③参照商业秘密许可使用费确定因被侵权所受到的实际损失的，人民法院可根据许可的性质、内容、实际履行情况，以及侵权行为的性质、情节、后果等因素确定。侵权方恶意实施侵犯商业秘密行为，情节严重的，可以按照上述方法确定数额的一倍以上五倍以下确定赔偿数额。赔偿数额还应当包括经营者为制止侵权行为所支付的合理开支。

另外，若受损害方因泄密方受到的实际损失、侵权方因侵权所获得的利益难以确定的，由人民法院根据侵权行为的情节（包括但不限于商业秘密的性质、商业价值、研究开发成本、创新程度、能带来的竞争优势以及侵权人的主观过错、侵权行为的性质、情节、后果等因素）判决给予一方五百万元以下的法定赔偿。上述损失赔偿数额的计算方式是法律关于违反保密义务的规定，双方可选择上述规定进行约定。另外，双方也可以按本书第二章中“技术合同的主要条款”中的依据合同违约条款的法律规定来约定违约金或损失计算方式。

就技术咨询合同中保密义务条款的约定，示范文本条款如下：

双方确定因履行本合同应遵守的保密义务如下：

甲方：

1. 保密内容（包括技术信息和经营信息）：________________________

____

2. 涉密人员范围：________________________

3. 保密期限：________________________

4. 泄密责任：________________________

乙方：

1. 保密内容（包括技术信息和经营信息）：________________________

____

2. 涉密人员范围：________________________

3. 保密期限：________________________

4. 泄密责任：________________________

在签订本条款时，双方应根据项目的实际需要签订保密条款。由于咨询保密条款的具体约定内容的问题较多，特提供如下示范约定供借鉴使用：①保密内容约定为“在项目进行过程中获知的对方当事人明确书面告知对方需要保密的技术信息和经营信息”；②涉密人员范围约定为“各方委派的参与本合同项目的参与成员”；③保密期限建议根据项目情况来约定，可以约定为永久保密，或者至本合同履行期间及合同解除或终止后×年内，具体如何选择主要是基于双方对项目中涉及技术秘密性质而定；④泄密责任可以只是简单地约定“由泄密方承担因此给信息提供方直接造成的实际损失”，但这样约定，当发生纠纷时举证工作量会较大。建议结合项目投入、技术价值，明确约定“若一方违反保密约定的，应支付违约金×××元。若违约金不足以赔偿损失的，按实际损失予以赔偿”。对于保密义务的违约责任可以在本条“泄密责任”中进行详细约定，也可以统一在技术咨询合同的违约责任条款中进行详细约定。

（六）合同变更条款的约定

实践中，技术咨询合同双方若协商一致，可以对合同条款进行变更，就合同变条款的约定，示范文本条款如下：

本合同的变更必须由双方协商一致，并以书面形式确定。但有下列情形之一的，一方可以向另一方提出变更合同权利与义务的请求，另一方应当在____日内予以答复；逾期未予答复的，视为同意：

1. ______________________________
2. ______________________________
3. ______________________________
4. ______________________________

因此，为避免合同履行过程中产生纠纷，建议合同双方根据实际情况进行约定。同时，也应就答复的期限予以明确。若逾期未答复的，则视为同意变更。

（七）验收条款的约定

委托人对于受托人提交的工作成果应当及时进行接收和验收。合同双方当事人应当根据《技术合同会议纪要》第25条规定，技术咨询合同的验收标准没有约定或者约定不明确，在适用《民法典》第511条规定时，没有国际标准、行业标准或者专业技术标准的，按照本行业合乎实用的一般技术要求履行。就验收条款的约定，示范文本中的约定条款如下：

双方确定，按以下标准和方式对乙方提交的技术咨询工作成果进行验收：

1. 乙方提交技术咨询工作成果的形式：______________
2. 技术咨询工作成果的验收标准：______________
3. 技术咨询工作成果的验收方法：______________
4. 验收的时间和地点：______________________

在签订本条款时，可以先选择约定相关标准。若无统一标准的，技术咨询合同双方当事人可以在技术合同中约定对咨询报告和意见的验收或者评价办法。合同没有约定的，按照合乎实用的一般要求组织本领域的专家进行鉴定。

（八）违约责任的约定

《民法典》第 879 条规定，委托人的主要义务，即技术咨询合同的委托人应当按照约定阐明咨询的问题，提供技术背景材料及有关技术资料，接受受托人的工作成果，并支付报酬。在实践中，技术咨询合同中委托人的行为违反合同约定的义务，根据具体情况作如下处理。

（1）委托人未按照约定向受托人阐明咨询问题、提供必要的背景资料、技术资料，影响受托人工作进度及工作成果质量的，所付报酬不得追回，未付的报酬应当如数支付给受托人。

（2）委托人超过约定期限迟延提供合同约定的资料或者有严重缺陷或错误，影响受托人工作进度和工作成果质量的，应当向受托人支付报酬，并应按照合同约定支付违约金或者赔偿受托人损失。

（3）委托人接到受托人要求补充提交或者补正不符合合同约定的资料的通知后，未按照约定期限或未在合理期限内进行提交或者补正的，委托人应该赔偿由此给受托人造成的损失。若委托人逾期不履行前置义务，在受托人催告后的合理期限 30 日内未履行的，受托人可以解除合同。另外，还包括委托人未如期支付报酬、未按合同约定的期限接收工作成果、未经受托人同意超出约定范围使用受托人的咨询报告和意见，或者擅自向第三人披露及未履行保密义务的，均应支付违约金或者赔偿损失。

《民法典》第 880 条规定了受托人的主要义务，即受托人应当按照约定的期限完成咨询报告或者解答问题，提出的咨询报告应当达到约定的要求。《民法典》第 881 条第 2 款针对受托人的如下两个主要违约行为的违约责任进行了规定。

（1）受托人未按期提出咨询报告和意见的，应当减收或者免收报酬，并承担违约责任。

（2）受托人提出的咨询报告和意见不符合合同约定条件的，应当减收或者免收报酬，并承担违约责任。另外，还包括受托人违反合同保密义务，未经委托人同意擅自向第三方披露委托人保密信息的，受托人应向委托人承担违约责任的其他情形。

《民法典》第881条第3款规定了合同中所涉及的决策风险的分担问题，即受托人对委托人实施咨询报告或意见的损失，不负赔偿责任，但合同另有约定的除外。主要有以下两个原因：一是技术咨询成果本身就具有可选择性和风险性；二是从技术咨询合同的概念来说，受托人的义务也仅仅是向委托人提出自己的意见，因而并不对咨询报告所实施结果负责。但是，若受托人所提出的咨询报告和意见没有科学根据，有明显缺陷或错误，或双方有明确约定受托人承担责任的情形时，受托人则需要对此咨询报告或意见负责，承担相应的责任。

就违约责任的约定，示范文本条款如下：

一、双方确定，按以下约定承担各自的违约责任：

1. ______方违反本合同第____条约定，应当______________（支付违约金或损失赔偿额的计算方法）。

2. ______方违反本合同第____条约定，应当______________（支付违约金或损失赔偿额的计算方法）。

3. ______方违反本合同第____条约定，应当______________（支付违约金或损失赔偿额的计算方法）。

4. ______方违反本合同第____条约定，应当______________（支付违约金或损失赔偿额的计算方法）。

二、双方确定，甲方按照乙方符合本合同约定标准和方式完成的技术咨询工作成果做出决策并予以实施所造成的损失，按以下第____种方式处理：

1. 乙方不承担责任。

2. 乙方承担部分责任。具体承担方式为______________________________。

3. 乙方承担全部责任。

对于技术咨询合同违约条款的约定，可以根据技术咨询项目的情况进行细化的约定。签订本条款时，应先针对确保合同顺利履行的主要条款约定相应的违约责任。具体违约责任如何承担，可以参见本书第二章中“合同的违约条款”的内容。同时，可以结合本条上述的相关法律规定，约定相应的违约责任。

(九) 创新技术成果归属条款的约定

《民法典》第885条规定，技术咨询合同履行过程中，受托人利用委托人提供的技术资料和工作条件完成的新的技术成果，属于受托人；委托人利用受托人的工作成果完成的新的技术成果，属于委托人。当事人另有约定的，按照其约定。另外，在实际操作中需要注意以下内容。

(1) 明确争议的技术成果是否属于职务成果。若技术咨询合同当事人之间明显不存在雇用或者隶属关系，其技术咨询的内容也具有特定性和具体性，则该创新技术成果并不属于职务技术成果。

(2) 明确该创新技术成果与合同的履行是否存在实质性关联。技术咨询合同的创新技术成果利用了委托人提供的技术资料和工作条件或者利用了受托人提供的工作成果，是在合同履行内容基础上的再改进或者再创新。

(3) 虽然创新技术成果的归属以合同自治优先，但还应当考虑到完成人对该技术成果作出实质性贡献。如果一方当事人实质性参与了对方当事人的研发活动，双方当事人可能构成合作研发。此时，在没有约定的情况下，参与研发的当事人均系创新技术成果的完成人，该技术成果应当归参与研发的当事人共有而非单独一方当事人。就创新技术成果归属的约定，示范文本的条款如下：

双方确定：

1. 在本合同有效期内，甲方利用乙方提交的技术咨询工作成果所完成的新的技术成果，归__________（甲、双）方所有。

2. 在本合同有效期内，乙方利用甲方提供的技术资料和工作条件所完成的新的技术成果，归__________（乙、双）方所有。

因此，在实务操作中由双方按照具体情况协商确定，既可以将受托人完成的新技术成果约定归委托人享有，也可以约定共有；还可以约定技术成果归一方当事人所有时，另一方当事人有使用该技术成果的权利。

（十）指定项目联系人条款的约定

技术咨询合同指定的项目联系人，对合同履行中相关技术材料的收讫、相关问题的沟通都十分重要，也是发生纠纷时掌握合同履行细节的关键人。委托人和受托人应在合同中指出各自项目联系人，明确其具体负责的相关事宜。

就指定项目联系人条款的约定，示范文本条款如下：

双方确定，在本合同有效期内，甲方指定__________为甲方项目联系人，乙方指定__________为乙方项目联系人。项目联系人承担以下责任：

1. ____
2. ____
3. ____

一方变更项目联系人的，应当及时以书面形式通知另一方。未及时通知并影响本合同履行或造成损失的，应承担相应的责任。

在签订本条款时，可以约定项目联系人承担以下事务：①对该合同各条款相关事宜及时进行沟通；②沟通协调项目推进遇到的问题，按进度推进工作履行各自义务；③项目进展沟通交流，就重大事项呈报各自单位审批确定等。双方可根据项目实际情况修改具体内容。

（十一）合同解除的约定

技术咨询合同在履行过程中也会发生不可抗力情形，或使双方无继续履行合同的其他情形，导致合同解除。不可抗力条款发生时，合同双方均无须承担违约责任，合同可予以解除。另外，当出现技术风险时，合同也可予以解除。根据《技术合同会议纪要》第27条规定，有下列情况之一，使技术合同的履行成为不必要或者不可能时，合同一方可以基于一方迟延履行债务，或者以其他违约行为致使不能实现合同目的为由，解除合同：

(1) 因一方违约致使履行合同必备的物质条件灭失或者严重破坏，无法替代或者修复的。

(2) 技术合同标的的项目或者技术因违背科学规律或者存在重大缺陷，无法达到约定的技术、经济效益指标的。

就合同解除的约定，示范文本条款如下：

双方确定，出现下列情形，致使本合同的履行成为不必要或不可能的，可以解除本合同：

1. 发生不可抗力；

2. ______________________________

3. ______________________________

在签订本条款时，除参考上述法律文件规定的情形外，技术咨询合同双方也可以根据实际情况增加其他情形。

（十二）争议解决条款的约定

合同中的争议解决条款，是就双方合同履行过程中发生争议时，无法通过自行协商解决时，双方按争议解决条款约定选择处理纠纷的机构和区域的约定，一般有仲裁和法院审理两种解决方式。两者的区别：①审理程序不同，仲裁为一裁终局，而法院诉讼是二审终审，同时还可以提起再审。从审理程序上看，仲裁处理时间比法院审理时间短。②从案件是否公开而言，仲裁案件审理为不公开审理；而诉讼案件一般为公开审理，除案件有符合不公开审理的条件（如涉及技术秘密等）的，可申请不公开审理。③费用对比，仲裁案件的受理费比法院一审诉讼费用要高，但若案件经历一审二审，合计的相关的诉讼费用会比仲裁费用高。

就委托开发合同中争议解决条款的约定，示范文本条款如下：

双方因履行本合同而发生的争议，应协商、调解解决。协商、调解不成的，确定按以下第____种方式处理：

1. 提交____________________仲裁委员会仲裁；

2. 依法向人民法院起诉。

在签订本条款时，需结合本项目的实际情况，综合考虑后对争议处理方式进行约定。关于争议解决条款的约定内容，可参阅本书第二章“技术合同的主要条款”中合同的争议解决条款。应注意，对于技术合同纠纷若选择人民法院起诉，一般由中级以上人民法院管辖。

（十三）技术咨询合同的其他约定

技术咨询合同中，还可对合同所涉有关名词和技术术语、合同附件包含内容，特别是技术文件等做出相应的约定。

就该部分内容，示范文本条款如下：

一、双方确定：本合同及相关附件中所涉及的有关名词和技术术语，其定义和解释如下：

1. ____________________

2. ____________________

3. ____________________

4. ____________________

5. ____________________

二、与履行本合同有关的下列技术文件，经双方确认后，________为本合同的组成部分：

1. 技术背景资料：____________________

2. 可行性论证报告：____________________

3. 技术评价报告：____________________

4. 技术标准和规范：____________________

5. 原始设计和工艺文件：____________________

6. 其他：____________________

三、双方约定本合同其他相关事项：________________________

____

____

在签订本条款时，就尚未标准化或通常惯例的名词、技术术语要作明确约定和解释，以防止合同条款理解上的歧义或误解。技术合同有别于其他合同之处在于其技术性，相关技术文件是技术合同不可或缺的核心内容。此外，示范文本特别留了其他相关事项的补充约定条款，双方可就合同文本中未考虑到内容，在这里予以约定。

三、技术服务合同的定义

《民法典》第 878 条第 2 款规定，技术服务合同是当事人一方以技术知识为对方解决特定技术问题所订立的合同，不包括承揽合同和建设工程合同。这里的特定技术问题，是指需要运用科学知识解决专业技术工作中有关改进产品结构、改良工艺流程、提高产品质量、降低产品成本、节约资源能耗、保护资源环境、实现安全操作、提高经济效益和社会效益等问题。技术服务合同一般分为两类：一类是技术辅助合同，即一般性的提供技术服务的合同；另一类是传授或者传递技术信息的合同，包括技术培训合同和技术中介合同。除法律或者行政法规另有规定外，技术培训合同和技术中介合同可以适用有关技术服务合同的规定。

技术服务合同有如下特点：

（1）合同的标的为运用专业技术知识、经验和信息解决特定技术问题的服务性项目。专业技术项目应该有明确的技术问题和解决难度，需要运用专业技术知识、经验和信息才能解决。

（2）合同的履行内容为改进产品结构、改良工艺流程、提高产品质量、降低产品成本、节约资源能耗、保护资源环境、实现安全操作、提高经济效益和社会效益的专业技术性工作，如产品设计服务、工艺服务、测试分析服务、计算机技术应用服务、新型或复杂生产线的调试、技术指导、特定技术信息加工等。

(3) 合同的工作成果是具体的质量和数量指标。根据技术服务合同的定义可知，技术服务合同需要提出能解决有一定难度的技术问题的相关技术方案，因而技术服务合同往往需要就所能达到的质量和数量指标做出明确约定。

(4) 合同所针对的技术知识的传递不涉及专利、技术秘密成果及其他知识产权的权属转移。这是其与技术转让合同、技术许可合同的重要区别。

另外，根据法律行为效力转化理论，《技术合同司法解释》第 34 条对技术转让、许可合同与技术服务合同法律行为的转换适用作了明确规定："当事人一方以技术转让或者技术许可的名义提供已进入公有领域的技术，或者在技术转让合同、技术许可合同履行过程中合同标的技术进入公有领域，但是技术提供方进行技术指导、传授技术知识，为对方解决特定技术问题符合约定条件的，按照技术服务合同处理约定的技术转让费、使用费，可以视为提供技术服务的报酬和费用，但是法律、行政法规另有规定的除外。依照前款规定，技术转让费或者使用费视为提供技术服务的报酬和费用明显不合理的，人民法院可以根据当事人的请求合理确定。"通常认为，只有在同时满足下列条件下，才能转换适用：①当事人之间签订的合同使用了技术转让合同或者技术许可合同的名义；②作为合同标的的技术成果已进入公有领域，或者在技术转让合同履行过程中进入公有领域；③让与人或者许可人对于作为合同标的的技术成果进入公有领域没有过错；④让与人或者许可人进行技术指导、传授技术知识，为对方解决特定技术问题符合约定条件；⑤约定的技术转让费可以视为提供技术服务的报酬和费用。但是，法律、行政法规另有规定的，不得转换适用技术服务合同。

四、技术服务合同的签订

除第二章技术合同的主要条款中说明的内容外，为明确技术服务合同履行过程中合同各方的权利和义务，避免因合同约定不清而产生不必要的纠纷，技术服务合同签订时一般包括以下主要约定：

（1）技术服务合同的目标、内容和方式的约定。

（2）委托人协作义务的约定。

（3）受托人履行义务条款的约定。

（4）支付条款的约定。

（5）保密义务条款的约定。

（6）合同变更条款的约定。

（7）验收条款的约定。

（8）创新技术成果归属的约定。

（9）违约条款的约定。

（10）指定项目联系人条款的约定。

（11）合同解除的约定。

（12）争议解决条款的约定。

（13）技术服务合同的其他约定。

（一）技术服务合同的目标、内容和方式的约定

委托人提出技术服务的目标、内容和方式，明确相应需求，意味着其在生产经营中遇到了自身难以解决、难以克服的技术问题，将相关内容和需求在合同中予以明确，合同双方彼此互相配合，才能保证技术服务合同顺利完成。

就技术服务的目标、内容和方式的约定，示范文本条款如下：

甲方委托乙方进行技术服务的内容如下：

1. 技术服务的目标：________________________

____

____

____

2. 技术服务的内容：________________________

____

____

____

3. 技术服务的方式：______________________________

____

____

在签订本条款时，需要委托人根据其所了解的情况，明确其需求，才能保证合同的顺利完成。

（二）委托人协作义务的约定

委托人明确了自己的需求和问题后，还需要全面、完整地向受托人披露咨询问题所涉及的技术背景资料、技术资料。《民法典》第 882 条规定技术服务合同的委托人应当按照约定提供工作条件，完成配合事项，接受工作成果并支付报酬。具体而言，需要委托人交付相关数据、图纸和资料，提供样品、场地等，以及明确技术进展或者已经完成的情况。

就委托人协作义务的约定，示范文本条款如下：

为保证乙方有效进行技术服务工作，甲方应当向乙方提供下列工作条件和协作事项：

1. 提供技术资料：

（1）______________________________________

（2）______________________________________

（3）______________________________________

（4）______________________________________

2. 提供工作条件：

（1）______________________________________

（2）______________________________________

（3）______________________________________

（4）________________________________

3. 其他：________________________________

____

4. 甲方提供上述工作条件和协作事项的时间及方式：________________

____

在签订本条款时，委托方应全面、完整、准确地披露相应技术背景资料和材料。因委托人提供的资料、数据和样品不符合约定，受托人应及时通知委托人，要求委托人在一定期限内予以补正。若受托人发现前款所述问题不及时通知委托人的，视为其认可委托人提供的技术资料、数据等符合约定的条件。即双方在合同签订时，应就提供的方式、提供的期限、提供的范围和内容等，根据实际情况予以细化。

（三）受托人履行义务条款的约定

《民法典》第883条规定，技术服务合同的受托人应当按照约定完成服务项目，解决技术问题，保证工作质量，并传授解决技术问题的知识。技术服务合同的受托人需要按照约定完成服务项目，解决技术问题，保证工作质量，传授解决技术问题的知识。一方面，受托人应当按照合同约定的时间、数量和质量等要求完成委托人交付的工作，使委托人的技术问题得以解决。另一方面，由于信息不对称，委托人订立合同的目的是掌握相应的技术，因而受托人应当按照约定完成服务项目，并传授解决技术问题的知识。

就受托人履行义务条款的约定，示范文本条款如下：

乙方应按下列要求完成技术服务工作：

1. 技术服务地点：________________________

2. 技术服务期限：________________________

3. 技术服务进度：________________________

____

4. 技术服务质量要求：______

5. 技术服务质量期限要求：______

因此，在实际合同签订过程中，此条内容是受托方履行义务的核心内容，为避免不必要的纠纷，也便于合同的履行，当事人需要在合同中作出具体、详细的约定。

（四）支付条款的约定

《民法典》第 882 条规定了技术服务合同的委托人义务，其中支付报酬作为委托人必须履行的最基本的义务，也是受托人完成服务合同的主要目的。

另外，根据《民法典》第 886 条规定，在技术服务合同履行过程中，受托人因开展工作所支出的费用没有约定或约定不明确的，由受托人负担。在技术服务合同履行过程中，受托人为完成约定事项，需要支出一定的费用，如开展调查研究、分析论证、试验测定等都需要支付相关的费用。这些费用若双方无特别约定的，视为该费用已包含在技术服务报酬中。

就支付条款的约定，示范文本条款如下：

甲方向乙方支付技术服务报酬及支付方式为

1. 技术服务费总额：______

2. 技术服务费由甲方______（一次或分期）支付乙方。

具体支付方式和时间如下：

（1）______

（2）______

（3）______

乙方开户银行名称、地址和账号：

开户银行：______

地址：______

账号：____

在签订本条款时，基于上述法律规定，在约定时对于相关费用的承担，建议根据技术服务合同的实际情况作具体的约定。同时，若技术服务合同未约定报酬或约定不明且当事人难以达成补充协议时，应当根据技术服务工作的数量、质量、技术含量及预期可产生的经济效益和社会效益合理确定。其中包含非技术款项的，应当分别计算。

(五) 保密义务条款的约定

技术服务合同双方要承担相应的保密义务，需要在技术服务合同中明确约定保密内容、涉密人员范围、保密期限及泄密责任。一般而言，保密内容主要包括技术信息和经营信息。技术信息，是指与技术有关的结构、原料、组分、配方、材料、样品、样式、植物新品种繁殖材料、工艺、方法或其步骤、算法、数据、计算机程序及其有关文档等信息。经营信息，是指与经营活动有关的创意、管理、销售、财务、计划、样本、招投标材料、客户信息和数据等信息。

若一方违反技术服务合同保密义务的，法律规定受到损害的一方可按以下三种方式计算赔偿数额：

(1) 按照其因被侵权所受到的实际损失确定。

(2) 实际损失难以计算的，按照侵权方因侵权所获得的利益确定。

(3) 参照商业秘密许可使用费确定因被侵权所受到的实际损失的，人民法院可根据许可的性质、内容、实际履行情况及侵权行为的性质、情节、后果等因素确定。侵权方恶意实施侵犯商业秘密行为，情节严重的，可以在按照上述方法确定数额的一倍以上五倍以下确定赔偿数额。赔偿数额还应当包括经营者为制止侵权行为所支付的合理开支。

另外，若受损害方因泄密方受到的实际损失、侵权方因侵权所获得的利益难以确定的，由人民法院根据侵权行为的情节（包括但不限于商业秘密的性质、商业价值、研究开发成本、创新程度、能带来的竞争优势，以及侵权人的主观过错、侵权行为的性质、情节、后果等因素）判决给予一方五百万元以下的法定赔偿。上述损失赔偿数额的计算方式是法律关于违反保密义务的规定，双方可选择上述规定进行约定。双方也可以按本书第二章“技术合同的主要条款”中依据合同违约条款的法律规定来约定违约金或损失计算方式。

就技术服务合同中保密义务条款的约定，示范文本条款如下：

双方确定因履行本合同应遵守的保密义务如下：

甲方：

1. 保密内容（包括技术信息和经营信息）：________

2. 涉密人员范围：________

3. 保密期限：________

4. 泄密责任：________

乙方：

1. 保密内容（包括技术信息和经营信息）：________

2. 涉密人员范围：________

3. 保密期限：________

4. 泄密责任：________

在签订本条款时，双方应根据项目的实际需要签订保密条款。由于保密条款的具体约定内容的问题较多，特提供如下示范约定供借鉴使用：①保密内容约定为“在项目进行过程中获知的对方当事人明确书面告知对方需要保密的技术信息和经营信息”；②涉密人员范围约定为“各方委派的参与本合同项目的参与成员”；③保密期限建议根据项目情况来约定，可以约定为永久保密，或者至本合同履行期间及合同解除或终止后×年内，具体如何选择主要是基于双方对项目中涉及技术秘密性质而定；④泄密责任可以只是简单地约定“由泄密方承担因此给信息提供方直接造成的实际损失”，但这样约定，当发生纠纷时举证工作量较大。建议结合项目投入、技术价值，明确约定“若一方违反保密约定的，应支付违约金×××元。若违约金不足以赔偿损失的，按实际损失予以赔偿”。对于保密义务的违约责任可以在本条中“泄密责任”中进行详细约定，也可以统一在技术服务合同的违约责任条款中进行详细约定。

（六）合同变更条款的约定

实践中，技术服务合同双方若协商一致，可以对合同条款进行变更。就合同变条款的约定，示范文本条款如下：

本合同的变更必须由双方协商一致，并以书面形式确定。但有下列情形之一的，一方可以向另一方提出变更合同权利与义务的请求，另一方应当在____日内予以答复；逾期未予答复的，视为同意：

1. ______________________________
2. ______________________________
3. ______________________________
4. ______________________________

在签订本条款时，为避免合同履行过程中产生纠纷，建议合同双方根据实际情况进行约定，同时也应就答复的期限予以明确。若逾期未答复的，则视为同意变更。

（七）验收条款的约定

委托人对于受托人提交的工作成果应当及时进行接收和验收。根据《技术合同会议纪要》第25条规定，技术服务合同的验收标准没有约定或者约定不明确的，在适用《民法典》第511条规定时，没有国际标准、行业标准或者专业技术标准的，按照本行业合乎实用的一般技术要求履行。

就验收条款的约定，示范文本中的约定条款如下：

双方确定以下列标准和方式对乙方的技术服务工作成果进行验收：

1. 乙方完成技术服务工作的形式：______________________________
____
____

2. 技术服务工作成果的验收标准：＿＿＿＿＿＿＿＿＿＿＿＿＿＿＿

＿＿＿＿＿＿＿＿＿＿＿＿＿＿＿＿＿＿＿＿＿＿＿＿＿＿＿＿＿＿

3. 技术服务工作成果的验收方法：＿＿＿＿＿＿＿＿＿＿＿＿＿＿＿

＿＿＿＿＿＿＿＿＿＿＿＿＿＿＿＿＿＿＿＿＿＿＿＿＿＿＿＿＿＿

4. 验收的时间和地点：＿＿＿＿＿＿＿＿＿＿＿＿＿＿＿＿＿＿＿＿＿

＿＿＿＿＿＿＿＿＿＿＿＿＿＿＿＿＿＿＿＿＿＿＿＿＿＿＿＿＿＿

在签订本条款时，可以先选择约定相关标准。若无统一的标准的，技术服务合同双方当事人可以在技术合同中约定对咨询报告和意见的验收或者评价办法。合同没有约定的，按照合乎实用的一般要求组织本领域的专家进行鉴定。

（八）创新技术成果归属条款的约定

《民法典》第885条规定，技术服务合同履行过程中，受托人利用委托人提供的技术资料和工作条件完成的新的技术成果，属于受托人；委托人利用受托人的工作成果完成的新的技术成果，属于委托人。当事人另有约定的，按照其约定。另外，在实际操作中需要注意以下内容：

（1）明确争议的技术成果是否属于职务成果。技术服务合同当事人之间明显不存在雇用或者隶属关系，其技术服务的内容也具有特定性和具体性，该创新技术成果并不属于职务技术成果。

（2）明确该创新技术成果与合同的履行是否存在实质性关联。技术服务合同的创新技术成果需利用了委托人提供的技术资料和工作条件或者利用了受托人提供的工作成果，是在合同履行内容基础上的再改进或者再创新。

（3）虽然创新技术成果的归属以意思自治优先，但还应当考虑到完成人对该技术成果作出实质性贡献。如果一方当事人实质性参与了对方当事人的研发活动，双方当事人可能构成合作研发。此时，在没有约定的情况下，参与研发的当事人均系创新技术成果的完成人，该技术成果应当归参与研发的当事人共有而非单独一方当事人。

就创新技术成果归属的约定，示范文本的条款如下：

双方确定：

1. 在本合同有效期内，甲方利用乙方提交的技术服务工作成果所完成的新的技术成果，归__________（甲、双）方所有。

2. 在本合同有效期内，乙方利用甲方提供的技术资料和工作条件所完成的新的技术成果，归__________（乙、双）方所有。

在签订本条款时，在实务操作中由双方按照具体情况协商确定，既可以将受托人完成的新技术成果约定归委托人享有，也可以约定共有；还可以约定技术成果归一方当事人所有时，另一方当事人有使用该技术成果的权利。

（九）违约责任的约定

《民法典》第884条规定，技术服务合同的委托人不履行合同义务或者履行合同义务不符合约定，影响工作进度和质量，不接受或者逾期接受工作成果的，支付的报酬不得追回，未支付的报酬应当支付；受托人未按照约定完成服务工作的，应当承担免收报酬等违约责任。同时，违约责任的确定，还应当考虑技术服务合同具体的履约情况，综合合同文本约定及市场惯例，在合同双方中做出相对平衡的责任承担。

就违约责任的约定，示范文本条款如下：

双方确定，按以下约定承担各自的违约责任：

1. ______方违反本合同第____条约定，应当________________（支付违约金或损失赔偿额的计算方法）。

2. ______方违反本合同第____条约定，应当________________（支付违约金或损失赔偿额的计算方法）。

3. ______方违反本合同第____条约定，应当________________（支付违约金或损失赔偿额的计算方法）。

4. ______方违反本合同第____条约定，应当________________（支付违约金或损失赔偿额的计算方法）。

对于技术服务合同违约条款的约定，可以根据技术服务项目的情况进行细化的约定。签订本条款时，应先针对确保合同顺利履行的主要条款约定相应的违约责任。具体违约责任如何承担，可以参见本书第二章中“合同的违约条款”的内容。同时，可以结合本条上述的相关法律规定，约定相应的违约责任。

（十）指定项目联系人条款的约定

就技术服务合同指定的项目联系人，对合同履行中相关技术材料的收讫、相关问题的沟通都十分重要，也是发生纠纷时掌握合同履行细节的关键人。委托人和受托人应在合同中指定各自项目联系人，明确其具体负责的相关事宜。

就指定项目联系人条款的约定，示范文本条款如下：

双方确定，在本合同有效期内，甲方指定__________为甲方项目联系人，乙方指定__________为乙方项目联系人。项目联系人承担以下责任：

1. ______________________________________

2. ______________________________________

3. ______________________________________

一方变更项目联系人的，应当及时以书面形式通知另一方，未及时通知并影响本合同履行或造成损失的，应承担相应的责任。

在签订本条款时，可以约定项目联系人承担以下事务：①对该合同各条款相关事宜及时进行沟通；②沟通协调项目推进遇到的问题，按进度推进工作履行各自义务；③项目进展沟通交流，就重大事项呈报各自单位审批确定等。具体内容双方可根据项目实际情况予以修改。

（十一）合同解除的约定

技术服务合同在履行过程中也会发生不可抗力情形，或使双方无继续履行合同的其他情形，导致合同解除。不可抗力条款发生时，合同双方均无须承担违约责任，合同可予以解除。另外，当出现技术风险时，合同也可予以解除。根据《技术合同会议纪要》第27条规定，有下列情况之一，使技术合同的履行成为不必要或者不可能时，合同一方可以基于一方迟延履行债务或者有其他违约行为致使不能实现合同目的为由，解除合同：①因一方违约致使履行合同必备的物质条件灭失或者严重破坏，无法替代或者修复的；②技术合同标的的项目或者技术因违背科学规律或者存在重大缺陷，无法达到约定的技术、经济效益指标的。

就合同解除的约定，示范文本条款如下：

双方确定，出现下列情形，致使本合同的履行成为不必要或不可能的，可以解除本合同：

1. 发生不可抗力；

2. ______________________________

3. ______________________________

在签订本条款时，除参考上述法律文件规定的情形外，技术服务合同双方也可以根据实际情况增加其他情形。

（十二）争议解决条款的约定

合同中的争议解决条款，是就双方合同履行过程中发生争议时，无法通过自行协商解决时，双方按争议解决条款约定选择处理纠纷的机构和区域的约定。一般有仲裁和法院审理两种解决方式。两者的区别：①审理程序不同，仲裁为一裁终局，而法院诉讼是二审终审，同时还可以提起再审，从审理程序上看，仲裁处理时间比法院审理时间短。②从案件是否公开而言，仲裁案件审理为不公开审理方式；而诉讼案件一般为公开审理，除案件有符合不公开审理的条件（如涉及技术秘密等）的，可申请不公开审理。③费用对比，仲裁案件的受理费比法院一审诉讼费用要高，但若案件经历一审二审，合计相关的诉讼费用会比仲裁费用高。就委托开发合同中争议解决条款的约定，示范文本条款如下：

双方因履行本合同而发生的争议，应协商、调解解决。协商、调解不成的，确定按以下第____种方式处理：

1. 提交____________________仲裁委员会仲裁；

2. 依法向人民法院起诉。

在签订本条款时，需结合本项目的实际情况，综合考虑后对争议处理方式进行约定。关于争议解决条款的约定内容，可参阅本书第二章“技术合同的主要条款”中合同的争议解决条款。应注意，对于技术合同纠纷若选择人民法院起诉，一般由中级以上人民法院管辖。

（十三）技术服务合同其他约定

技术服务合同中，还可对合同所涉有关名词和技术术语、合同附件包含内容，特别是技术文件等做出相应的约定。就该部分内容，示范文本条款如下：

一、双方确定：本合同及相关附件中所涉及的有关名词和技术术语，其定义和解释如下：

1. ____

2. ____

3. ____

4. ____

5. ____

二、与履行本合同有关的下列技术文件，经双方确认后，__________为本合同的组成部分：

1. 技术背景资料：______________________________

2. 可行性论证报告：____________________________

3. 技术评价报告：______________________________

4. 技术标准和规范：____________________________

5. 原始设计和工艺文件：________________________

6. 其他：________________________

三、双方约定本合同其他相关事项：________________________

____

____

____

在签订本条款时，就尚未标准化或通常惯例的名词、技术术语要作明确约定和解释，以防止合同条款理解上的歧义或误解。技术合同有别于其他合同的特点在于其技术性，相关技术文件是技术合同不可或缺的核心内容。此外，示范文本特别留了其他相关事项的补充约定条款，双方可就合同文本中未考虑到内容，在这里予以约定。

第七章 技术合同案例解析

本章案例均来自2008——2021年的最高人民法院知识产权年度报告或最高人民法院公报所发布的有关技术合同的案例，本章还对相关案例中所涉及的技术合同签订要点进行解析，便于读者能结合最新裁判案例对技术合同签订过程中的要点加深了解。但需要说明的是，本章案例出于便于了解技术合同相关内容的需要，以及对相关当事人隐私权的保护，特针对具体案例的案情进行了摘录。若读者需进一步了解详细案情，可参考中国裁判文书网或最高人民法院公报相关具体内容。

案例一：技术合同纠纷管辖地的确定

长城汽车股份有限公司与考泰斯（上海）塑料制品有限公司技术委托开发合同纠纷管辖权异议申请再审案（2008）民申字第46号。[1]

---

[1] 最高人民法院．最高人民法院知识产权案件年度报告（2008）[R/OL].(2009-04-22)[2022-03-04]. https://law.wkinfo.com.cn/legislation/detail/MTAwMDAwOTY4MTY%3D? searchId=5cef567a1c664b88b070ab67d6d7cf3b & index=1 & q=最高人民法院知识产权案件年度报告（2008） & module=.

（一）案情简介

该案系2008年最高人民法院知识产权指导性案例。原告考泰斯（上海）塑料制品有限公司（以下简称“考泰斯公司”）与被告长城汽车股份有限公司（以下简称“长城公司”），因技术委托开发合同纠纷案件管辖权发生争议。被告不服二审法院上海市高级人民法院作出的由技术开发方所在地法院上海市第二中级人民法院管辖的裁定，向最高人民法院提起再审申请。最高人民法院经审查认为，根据双方当事人提交的《产品开发及制造商务协议书》等证据，诉争合同的条款具有技术委托开发的内容。双方当事人对诉争合同的履行地没有明确约定，根据《合同法》第61条的规定，合同履行地点按照合同有关条款或者交易习惯确定。从技术委托开发的交易习惯看，技术委托开发的履行行为一般发生在技术开发人所在地。被告长城公司也承认部分开发工作在原告考泰斯公司所在地完成，故技术开发人考泰斯公司的所在地属于本案诉争合同的履行地。考泰斯公司选择在合同履行地法院提起合同之诉，根据《民事诉讼法》第24条的规定，合同履行地人民法院对因合同纠纷提起的诉讼有管辖权，故上海市第二中级人民法院对本案有管辖权，裁定驳回被告长城公司的再审申请。

（二）适用的法律

本起管辖权异议申请再审案件裁定时间为2008年6月20日，当时适用的法律是2007年的《民事诉讼法》、1992年的《最高人民法院〈中华人民共和国民事诉讼法〉若干问题的意见》（以下简称《民诉法意见》）及1999年的《合同法》。最高人民法院在裁定书中就本案中的法律适用问题，提出《民事诉讼法》（2007年版）第24条规定明确了合同履行地法院为因合同纠纷提起的诉讼有管辖权，由于1992年《民诉法意见》未就合同履行地作明确的解释，所以根据《合同法》第四章就合同履行地点确定原则的规定，确定《民事诉讼法》（2007年版）第24条规定的合同履行地，两者并不矛盾。本案二审法院不存在以实体法替代程序法的错误，从而驳回再审申请。

在本案裁定后，我国对《民事诉讼法》及其司法解释进行了多次修改。其中，《民事诉讼法》经历了2012年、2017年及2021年的三次修正。《民诉法司法解释》经历了2008年、2015年及2020年的三次修订。针对技术合同纠纷管辖地的现行法律规定，主要条款如下：

就地域管辖而言。《民事诉讼法》第23条规定，因合同纠纷提起的诉讼，由被告住所地或者合同履行地人民法院管辖。同时，该法第34条规定，合同或者其他财产权益纠纷的当事人，可以书面协议选择被告住所地、合同履行地、合同签订地、原告住所地、标的物所在地等与争议有实际联系地点的人民法院管辖，但不得违反本法对级别管辖和专属管辖的规定。

就级别管辖而言。《技术合同司法解释》第43条规定，技术合同纠纷案件一般由中级以上人民法院管辖。各高级人民法院根据本辖区的实际情况并报经最高人民法院批准，可以指定若干基层人民法院管辖第一审技术合同纠纷案件。其他司法解释对技术合同纠纷案件管辖另有规定的，从其规定。合同中既有技术合同内容，又有其他合同内容，当事人就技术合同内容和其他合同内容均发生争议的，由具有技术合同纠纷案件管辖权的人民法院受理。

从合同履行地而言。《民诉法司法解释》第18条规定，合同约定履行地点的，以约定的履行地点为合同履行地。合同对履行地点没有约定或者约定不明确，争议标的为给付货币的，接收货币一方所在地为合同履行地；交付不动产的，不动产所在地为合同履行地；其他标的，履行义务一方所在地为合同履行地。即时结清的合同，交易行为地为合同履行地。合同没有实际履行，当事人双方住所地都不在合同约定的履行地的，由被告住所地人民法院管辖。

（三）基于案例的签约提示

基于上述法律关于技术合同纠纷管辖权的规定，为避免合同发生争议时双方对争议管辖地的不确定性，建议合同签订双方当事人在签订技术合同时，对纠纷处理的地点进行明确约定。根据易于确定的程度排序：首先是被告住所地、原告住所地，在实务中双方当事人更倾向选择签订原告住所地的；其次是合同签订地、合同履行地，这两个地点都可以在合同中就具体地点进行明确约定，如约定本合同签订地在浙江杭州。法律并不要求合同签订地与实际的合同签订地一致，双方协商一致约定即可，同样的合同履行地签订的方式也相同。

案例二：技术入股与技术转让的区别

申请再审人闫某某与被申请人朱某某技术转让合同纠纷案（2009）民申字第159号。[1]

（一）案情简介

该案系2009年最高人民法院知识产权指导性案例。闫某某与朱某某于2003年10月29日签订《合作经营合同》一份，该合同的第1条和第2条约定，闫某某将其自主开发的VJ绿色奶牛精饲料技术独家转让给朱某某，朱某某以其经营地先期投入资金，设立奶牛精饲料公司并办理相关审批手续。该合同的第4条“技术转让费的支付”约定，朱某某分三期支付给闫某某技术转让费100万元，第一期20万元将在本合同签字生效后即付；第二期20万元在生产设备安装完毕，生产出产品符合国家和企业标准后即付；第三期60万元在生产设备安装完毕后，生产出合格产品，首先从实现的利润中支付，60万元付款结束后，在一个月时间内，完成技术转让。该合同第5条“公司的股份确认”约定，该公司所有资产为朱某某投入，原始资产与闫某某无关。朱某某具有全面管理决策权，并占股该公司65%的股份，闫某某占股25%的股份，中介人占有10%股份。闫某某的股份是技术股，上述公司各股份按各自所占比例，具有获得公司利润和承担公司风险的权

[1] 最高人民法院．最高人民法院知识产权案件年度报告（2009）[R/OL].（2010-04-23）[2022-03-04]. https://www.court.gov.cn/zixun-xiangqing-791.html.

利和义务。合同第 6 条“双方行为的约定”约定：因为双方现有企业资金的投入和新增资产由朱某某出资或由朱某某利润支出，企业资产包括固定资产及新增资产的产权与闫某某无关。合同签订后，朱某某即交付 20 万元的技术转让费，2003 年朱某某等 7 人设立新公司，闫某某和中介人均未被列为新公司股东。中介人及闫某某在合同履行过程中未对此提出异议，并且双方均认可第 5 条中约定的公司股份比例，只是获得 25% 利润分配的表示。2007 年 4 月 6 日，朱某某以闫某某未将双方认可的核心技术配方菌种进行交付诉至法院，请求判令终止履行合同，要求闫某某返还技术转让费 20 万元并赔偿损失 10 万元。闫某某以朱某某未按约定设立公司为由，要求朱某某承担违约责任，支付违约金 30 万元。一审法院认为，双方技术转让合同有效，闫某某不履行交付技术的主要合同义务，无法作价入股，朱某某未设立合同约定的公司并不构成违约，故判决解除合同、闫某某返还朱某某技术转让费 20 万元并赔偿利息损失。闫某某不服提出上诉，江苏省高级人民法院二审认为，涉案合同应当为技术转让及合作经营合同，维持了一审判决，闫某某不服二审判决，以涉案合同为合作经营合同、朱某某未设立合同约定的公司等理由向最高人民法院申请再审。最高人民法院认定涉案合同的性质为预付前期技术转让费加利润提成的技术转让合同，并于 2009 年 5 月 25 日裁定驳回闫某某的再审申请。

（二）适用的法律

本案的争议焦点在于对于双方签订的《合作经营合同》的定性，是技术转让合同，还是技术转让合同及合作经营合同。最高人民法院经审查认为，判断本案合同性质的关键在于对合同第 5 条“公司的股份确认”的理解，对此应适用《合同法》第 125 条第 1 款[1]的规定确定的真实意思。

首先，从合同第 5 条使用的词句来看，不能得出必须设立以朱某某、闫

---

[1] 《合同法》第 125 条第 1 款规定：“当事人对合同条款的理解有争议的，应当按照合同所使用的词句、合同的有关条款、合同的目的、交易习惯以及诚实信用原则，确定该条款的真实意思。”

某某、中介为股东的公司的明确意思表示，结合其他条款看，该第 5 条所约定的“股份”实际是指提取公司利润的计算标准。

其次，在最高人民法院组织听证时，闫某某本人也作出认可 25% 的股份实际上是指有权获得公司利润的 25% 的意思表达。另一中介人，在新设公司未将其列为股东时，也未提出异议。

再次，从合同的目的来看，设立新公司并非实际合同目的所必须，根据涉案的《合作经营合同》具体内容，闫某某与朱某某订立合同的目的在于通过技术转让获取利润，该目的的实现不以设立由朱某某、闫某某、中介人为股东的公司所必须。

最后，从交易习惯看，在技术转让过程中，存在以固定部分转让费（也叫预付入门费）加利润提成作为技术转让计费方式的习惯。

最高人民法院综合上述观点后认为，涉案合同应当属于预付前期技术转让费加利润提成方式的技术转让合同，合同中所约定的财务监督、技术指导等内容，表面上是合作经营内容，实际上是技术转让合同中技术转让方的附随义务。

（三）基于案例的签约提示

1. 当技术合同与其他合作经营合同复合的，签订时应作清晰的划分约定

实务中，许多技术合同往往与经营合同一起签订，本案就是较为典型的一个案例。法院最终认定双方为技术转让合同而非经营合同的审查要点，是根据双方合同第 5 条约定的真实意思查明，第 5 条约定的内容为“该公司所有资产为朱某某投入，原始资产与闫某某无关。朱某某具有全面管理决策权，并占股该公司 65% 的股份，闫某某占股 25% 的股份，中介人占有 10%股份。闫某某股份是技术股，上述公司各股份按各自所占比例，具有获得公司利润和承担公司风险的权利和义务。”仅从该条约定尚不足以否定双方无合作经营的意思表示，反而容易达成双方签订合作经营合同的理解。为进一步查明实际，最高人民法院认证时，就这一条款的真实意思表示向

闫某某进行了询问，闫某某明确该条只是双方对于25%的利润分配的约定。因此，法院结合当事人在庭审中的真实意思表示，认定该条款只是对于技术转让费后续支付方式按利润分成作为计算标准的约定，从而否定双方达成合作经营的意思表示。因此，对于签订技术合同的双方，在签订合同时，应明确双方是属于仅为技术转让，还是技术转让与合作经营复合的合作方式。在签订合同条款时，应就各个法律关系下的相关权利和义务作明确约定。

2. 在合同履行过程中，一方存在不符合合同约定情形的，另一方应及时提出异议，或双方重新签订补充协议，变更双方的权利和义务

本案中，双方在签订合作经营合同后，在履行过程中，设立公司的情况发生了变化，朱某某等7人设立了新公司。这一设立公司的行为与双方合同中签订的三方按65%、25%及10%的股份比例完全不同，而在这一过程中，无论是闫某某，还是中介人均未提出异议。这一事实也是法院最终认定闫某某及中介方不构成合作经营意思表示的一个重要证据。若当时，闫某某及中介方就此提出异议，将会影响该案最终的审理结果。

3. 关于技术转让费的计算标准及技术转让手续的签订

《民法典》第846条就技术转让费的支付方式作了明确规定："技术合同价款、报酬或者使用费的支付方式由当事人约定，可以采取一次总算、一次总付或者一次总算、分期支付方式，也可以采取提成支付方式或者提成支付附加预付入门费的方式。约定提成支付的，可以按照产品价格、实施专利和使用技术秘密后新增的产值、利润或者产品销售额的一定比例提成，也可以按照约定的其他方式计算。提成支付的比例可以采取固定比例、逐年递增比例或者逐年递减比例。约定提成支付的，当事人可以约定查阅有关会计账目的办法。"

因此，在实务中，只要是经双方合意达成的支付方式，均可受到法律的保护。对于技术转让费用的约定越清晰，争议发生的可能就越小。除了明确约定支付方式外，关键点在于，技术转让以技术办理相应的转让手续为前提，如果为专利需要办理专利权人变更手续，如果为技术秘密则需要

双方交付技术秘密的相关技术文件，如将技术工艺包、技术流程图、设备参数作为必要的手续。

案例三：行政审批与许可对技术合同效力的影响

申请再审人海南康力元药业有限公司、海南通用康力制药有限公司与被申请人海口奇力制药股份有限公司技术转让合同纠纷案（2011）民提字第307号。[1]

（一）案情简介

本案被告海南康力元药业有限公司（以下简称“康力元公司”）为药品经营企业，另一被告海南通用康力制药有限公司（以下简称“康力制药”）及原告海口奇力制药股份有限公司（以下简称“奇力制药”）均为药品生产企业。2000年4月26日，康力元公司与奇力制药签订《关于合作开发、生产、经营注射用头孢哌酮钠-他唑巴坦钠的协议》（以下简称“4·26协议”），由康力元公司与奇力制药按比例出资，共同开发注射用头孢哌酮钠-他唑巴坦钠（粉针剂，规格为1g/瓶），并以双方名义申报新药证书。产品的产权归双方共有，由康力元公司专供药品的原辅材料并独家负责销售，奇力制药负责依法生产药品。2001年6月8日，康力元公司的下属公司康力制药与奇力制药签订《关于合作开发注射用头孢哌酮钠-他唑巴坦钠新药（1.2g/瓶）的协议》（以下简称“6.8协议”），约定由奇力制药负责开发研制，康力制药提供研制资金。奇力制药应如期完成研制，并按期提交新药审评。协议同时约定，奇力制药负责申报该药有关资料，新药的研制单位由双方共同署名。康力制药申报为生产单位，由康力制药负责该产品的今后生产及销售工作，奇力制药将全部技术无保留地转给康力制药。奇力制药不得向其他方转让

[1] 最高人民法院．最高人民法院知识产权案件年度报告（2011）[R/OL].（2012-04-19）[2022-03-04]. https://www.court.gov.cn/zixun-xiangqing-3905.html.

新药且向第三方提供任何资料。此外，本协议生效后，“4.26协议”有效期至取得该新药证书及生产批件为止。

上述两份合同尚未履行完毕，由于国家政策和实际情况发生变化，2004年6月12日，奇力制药与康力元公司、康力制药签订《关于转让注射用头孢哌酮钠-他唑巴坦钠的合同》（以下简称《转让合同》）。该合同约定，奇力制药将双方合作开发的注射用头孢哌酮钠-他唑巴坦钠（规格为1.125g/瓶）的产品转让给康力元公司和康力制药，该合同签订时该产品尚处于2期临床试验阶段。双方约定，该2期临床工作结束后，由奇力制药向国家药监部门申报新药证书及生产批件，并在获得批准后将该约定规格的产品转让给康力元公司及康力制药。转让完成后，该产品的所有权归康力元公司及康力制药，奇力制药提供该产品的全套资料（含临床资料）复印件，并积极配合康力制药办理委托加工手续，在获得批准后立即转交康力制药生产，并进行指导。奇力制药不再与第三方谈本规格产品的合作及转让事宜。

未料，在合同履行过程中，康力制药的《药品生产质量管理规范认证证书》（以下简称“GMP证书”）于2006年12月31日被主管部门收回。2007年5月21日，奇力制药取得“注射用头孢哌酮钠-他唑巴坦钠”《新药证书》和《药品注册批件》，规格包含了双方转让合同中约定的1.125g/瓶，奇力制药遂自行进行生产。康力元公司及康力制药对于奇力制药的上述行为，提出了异议；奇力制药主张康力元公司、康力制药违反国家法律法规，不具备涉案新药的药品GMP证书，不符合受让和委托生产该新药的法定条件为由，提出解除合同，并于2007年12月开始交其他公司和个人代理销售。康力元公司、康力制药遂提起本案诉讼，要求继续履行合同。

该案经一审、二审及再审三个民事审判程序。一审法院海口市中级人民法院经审理后认为，《转让合同》系三方的真实意思表示，且合同内容不违反国家法律或行政法规的禁止性规定，属有效合同；奇力制药要求解除合同，缺乏事实和法律依据，据此判决各方继续履行合同。奇力制药公司、康力元公司及康力制药公司均不服一审判决，提起上诉。二审海南省高级人民法院经审理认为，《转让合同》履行过程中，康力制药的药品 GMP 证书被管理部门收回，已不具备生产涉案新药的法定资质条件。此变故属于不可抗力，导致合同的目的不能实现，应依法解除。二审法院据此判决撤销一审判决，解除《转让合同》。康力元公司、康力制药不服二审判决，向最高人民法院申请再审。最高人民法院提审本案后于 2011 年 12 月 9 日作出再审判决，撤销二审判决，判令合同继续履行。

（二）适用的法律

最高人民法院认为本案争议焦点：①《转让合同》的效力问题；②《转让合同》的履行及违约情况；③《转让合同》是否应该继续履行；④ 违约责任的承担问题。第一个焦点：《转让合同》的效力问题是本案后续几个焦点问题的基础。从双方签订的《转让合同》约定，奇力制药在涉案新药获得批准后，将规格为 1.25g/瓶的产品转让给康力元公司及康力制药，但基于双方约定，产品的新药证书及生产批文上的单位为奇力制药，由奇力制药委托康力制药生产；并且奇力制药有将相关资料移交且指导康力制药生产产品的义务。因此，《转让合同》既涉及新药的技术转让又涉及新药委托生产两个方面的内容。

关于新药技术转让问题，最高人民法院认为根据《中华人民共和国药品管理法》及其实施条例均没有具体的规定，此问题一直是由国家药监局以行政规章及规范性文件的方式来加以规范的。本案当事人签订《转让合同》时，法律和行政法规没有关于新药技术转让的强制性规定，虽然行政规章对于新药技术转让有具体规定，但依据《合同法》第 52 条第（五）项的规定，双方在《转让合同》中所约定的新药技术转让内容虽然违反行政规章规定，但不属于法律、行政法规的强制性规定，不应认定为合同无效的情形。因此，本案中关于新药技术转让的约定有效，对双方均具有约束力。

关于药品委托生产问题，最高人民法院认为依据《中华人民共和国药品管理法》第 13 条及《中华人民共和国药品管理法实施条例》第 10 条规定，接受委托生产药品的受托方必须持有与其受托生产的药品相适应的药品GMP证书。在本案中双方当事人在签订《转让合同》时，康力制药持有与涉案新药相适应的《药品生产许可证》及药品GMP证书，因此，双方签订合同时符合合同法律规定。《技术合同司法解释》第8条第1款规定："生产产品或者提供服务依法须经有关部门审批或者取得行政许可，而未经审批或者许可的，不影响当事人订立的相关技术合同的效力。"康力制药是否能够获得生产涉案新药的《药品生产许可证》和药品GMP证书，并不影响《转让合同》的效力。因此，最高人民法院再审认定《转让合同》有效。

（三）基于案例的签约提示

本起案件发生争议的主要原因在于生产受托方康力制药在合同履行过程中，其药品GMP证书被有关部门收回，从而导致丧失药品生产的合法资质，由此产生双方对合同效力的争议。法院在对合同效力认定时，分为两个时间段：合同签订时及合同履行。在签订《转让合同》时，康力制药是具备生产药品的相关证书及资质的，而在合同履行过程中丧失相关的生产资质，法院最终以合同签订时是否符合法律规定为时间点。另外，关于对药品GMP证书对合同效力的影响，最高人民法院依据《合同法》第52条第(五)项及《技术合同司法解释》第8条第1款规定，认定合同有效。

因此，在签订合同时应注意以下几点：①在合同签订时双方当事人是否具备相应的法定资质，是否违反法律行政法规强制性条款的规定；②在合同履行过程中，若出现一方违反相关法律或行政法规的规定，除强制性的规定外，其他情形均不得构成合同无效的条件；③鉴于上述的两点，在合同签订时要充分考虑在合同履行过程中可能出现的相关情形，如本案中一方药品GMP证书被收回的情况，可以事先在合同签订时将该情况作为条件，对后续合同的如何履行进行明确的约定，以避免发生如本案中产生的一方丧失生产相应药品的资质，导致双方无法继续履行合同的争议。

案例四：技术转让合同中出让方技术资料的真实保证义务

再审申请人北京福瑞康正医药技术研究所与被申请人济川药业集团股份有限公司技术转让合同纠纷案（2013）民申字第718号。[1]

（一）案情简介

2003年12月16日，济川药业集团股份有限公司（以下简称“济川公司”）与北京福瑞康正医药技术研究所（以下简称“福瑞康正研究所”）签订新药技术转让合同，一方转让的技术项目为新药盐酸罗哌卡因原料与注射剂的临床批件，包括原料药及注射剂。合同约定，福瑞康正研究所向济川公司提供技术转让项目所有相关技术资料与临床批件，包括新药综述研究资料、新药药学研究资料等。福瑞康正研究所负有保证技术内容与有关数据的真实性与可靠性的义务。双方另约定如果因福瑞康正研究所技术，导致该新药申报失败的，福瑞康正研究所应在责任判定后10日内全额退回已收技术转让费给济川公司。2004年3月9日，福瑞康正研究所向济川公司提供了包括盐酸罗哌卡因原料药及注射液在内的稳定性研究的试验资料及文献资料，以供济川公司进行2期临床试验。济川公司按约向福瑞康正研究所支付了150万元技术转让费用。2008年8月28日，国家食品药品监督管理局以所申请的材料药学方面资料的真实性存在问题，下发不批准对盐酸罗哌卡因及其注射液的注册申请。经对比，真实性存在问题的药学方面资料来源于福瑞康正研究所提供的临床批件的资料。由此，济川公司以福

[1] 最高人民法院．最高人民法院知识产权案件年度报告（2013）（摘要）[R/OL].(2014-04-24)[2022-03-04]. https://law. wkinfo. com. cn/legislation/detail/MTAxMDAxMTMzOTY%3D? searchId=657f5bbe80a440f0aaa14f0a81a2590d & index=1 & q=最高人民法院知识产权案件年度报告（2013）& module=.

瑞康正研究所提供的资料不真实、导致生产批件和新药证书申报失败为由向法院提起诉讼，请求法院判令解除双方签订的技术转让合同，判令福瑞康正研究所退回已收取的技术转让费，并赔偿济川公司 2 期临床研究所投入的费用损失。

本案一审判决解除技术转让合同，判令福瑞康正研究所返还济川公司技术转让费 150 万元，驳回其他诉讼请求。福瑞康正研究所不服，提起上诉。二审驳回上诉，维持一审判决。福瑞康正研究所不服，向最高人民法院申请再审。最高人民法院于 2013 年 7 月 9 日裁定驳回福瑞康正研究所的再审申请。

（二）适用的法律

最高人民法院在审理本案时，依据《合同法》第 349 条规定："技术转让合同的让与人应当保证自己是所提供的技术的合法拥有者，并保证所提供的技术完整、无误、有效，能够达到约定的目的。"同时，结合双方在合同中约定，福瑞康正研究所负有保证技术内容和有关数据真实与可靠的义务，若因技术原因导致该新药申报失败应全额退回技术转让费的责任。法院认为，由于负有法定和约定义务的福瑞康正研究所提供的药学试验资料的真实性存在问题，致使该新药的有效期、安全性和临床药效无法确定，从而无法确定该新药的技术是否稳定可靠，直接导致济川公司签订的技术转让合同目的落空，判令福瑞康正研究所承担违约责任。

本案中法院依据的《合同法》第 349 条，于 2020 年编入《民法典》中的第 870 条，条款内容予以保留。因此，该条款系处理技术转让合同中出让方对于技术资料的真实性须履行保证义务的明确规定。

（三）基于案例的签约提示

根据《民法典》关于技术转让合同的相关规定，在签订技术转让合同时，技术出让方有保护提供真实技术资料的义务。因此，无论技术合同中是否对出让方提供真实技术资料作明确约定，出让方均需依法履行提供真实资料的保证义务。在实际操作中，受让方也可要求出让方对于一些重要技术资料的真实性予以进一步保证。

在案例中，还有一个细节应予以考虑，就是关于福瑞康正研究所提供的临床资料的真实性与最终审批未通过之间的因果关系的认定。本案是经对比可以明确福瑞康正研究所提供的资料存在问题与审批不通过有直接的因果关系。但在实务中，会遇到技术转让合同在履行过程中，受让技术失败与出让方提供的资料是否真实之间因果无法查明的情形。为避免发生此类纠纷，在合同履行过程中，须对双方提供的资料的出处予以明确，办理好相关资料的交接手续，以便于后期作相关鉴定时将各自的资料来源作以区分，易于查明相关的因果关系。

案例五：技术委托开发合同中欺诈行为的认定

上诉人钦州锐丰钒钛铁科技有限公司（以下简称“钦州锐丰公司”）与被上诉人北京航空航天大学技术合同纠纷案 最高人民法院（2015）民三终字第8号。[1]

（一）案情简介

北京金珅宏宇矿业科技有限公司（以下简称“北京金珅宏宇公司”）委托北京航空航天大学（以下简称“北航大学”）开发“钒钛磁铁砂矿综合利用技术”。该技术开发完成后，2008年10月8日，由中国有色金属工业协会组织相关专家召开“钒钛磁铁砂矿综合利用技术”科技成果鉴定会，并出具了《鉴定证书》。该鉴定证书主要内容：简要技术说明及主要性能指标、推广应用前景与措施、主要技术文件目录及来源、鉴定意见及主持鉴

[1] 最高人民法院．最高人民法院知识产权案件年度报告（2016）（摘要）[R/OL]．(2017-04-26)[2022-03-04]．https://law.wkinfo.com.cn/legislation/detail/MTAxMDAxNDE0Mjk%3D?module=.

定单位意见，共五部分内容组成。主持鉴定单位意见建议尽快进行工业化试验和建设处理钒钛磁铁矿的工业示范基地。2010年2月，香港锐丰集团有限公司（以下简称“香港锐丰公司”）的代表陈××，经介绍认识了北航大学材料科学与工程学院卢××。听了卢××对“钒钛磁铁砂矿综合利用技术”介绍后，陈××有意在“钒钛磁铁砂矿综合利用技术”科技成果的基础上与北航大学共同研究开发钒钛铁分离技术工业化示范项目。2010年3月30日，香港锐丰公司以人民币700万元价格取得北京金珅宏宇公司所有的“滨海钒钛磁铁砂矿半工业试验技术成果使用权”。2010年8月10日，由香港锐丰公司投资的钦州锐丰公司与北航大学签订《技术开发（委托）合同》。合同约定双方共同研究开发钒钛铁分离技术工业化示范项目。

在合同履行过程中因发生技术困难，导致工业化示范项目无法正常推进。钦州锐丰公司认为北航大学在合同磋商时，所提供的关于“钒钛磁铁砂矿综合利用技术”的半工业试验技术的《鉴定报告》及《示范项目申请报告》中的内容存在不实情形，构成欺诈行为。为证明该事实，钦州锐丰公司提供了由中国有色金属协会出具的《有色金属协会评审意见》、广西交通公司出具的《广西交通公司专家评审意见》及《奥沃公司咨询报告》等技术分析文件予以佐证。争议发生后，钦州锐丰公司以北航大学提供虚假技术，虚报项目产品、产值，虚报项目开发成本，构成对钦州锐丰公司欺诈为由，提起诉讼，请求撤销涉案合同，返还钦州锐丰公司已经支付的技术开发经费5796万元，并赔偿钦州锐丰公司经济损失22704万元。北京高级人民法院一审认为，没有足够有效的证据证明北航大学提供的技术存在致命缺陷，北航大学以其经鉴定合格的钒钛铁分离技术与钦州锐丰公司合作并签订涉案合同以寻求该技术的工业化的过程并不存在欺诈，遂判决驳回钦州锐丰公司的诉讼请求。钦州锐丰公司不服，提起上诉。最高人民法院于2016年11月29日判决驳回上诉，维持原判。

最高人民法院经审理认为：“在技术委托开发合同领域，对于受托方是否告知虚假或隐瞒真实情况的判断，须充分考虑技术开发活动本身的特性。技术开发活动具有阶段性，其结果具有不确定性。从实验室试验，到半工业试验、工业试验，再到成熟的工业生产，研发阶段的不断递进不只是产量和规模的简单递增，更是不断克服已知和未知困难的复杂过程。技术开发活动中某些困难可能难以预见、难以预防、难以控制、难以克服。规模化工业试验并不是半工业试验的简单再现，二者在实验目的、试验环境、试验规模、试验设备等方面均有不同，可能遇到的技术困难也不尽一致。”因此，工业试验的整体工艺和具体工序与半工业试验的工艺、工序有所差异，实属正常。在本案中，北航大学是否向钦州锐丰公司告知了虚假情况或隐瞒了真实情况的判断，主要考虑两个方面：一是北航大学是否向钦州锐丰公司完整告知了半工业试验阶段钒钛磁铁砂矿综合利用技术的真实情况；二是北航大学是否向钦州锐丰公司完整告知了钒钛铁分离技术工业化示范项目的真实规划。在双方合同磋商时，北航大学通过出具《鉴定报告》完整地向钦州锐丰公司说明了涉案钒钛磁铁砂矿综合利用技术半工业试验阶段的真实情况，未对涉案技术的这一研发阶段的情况实施欺诈；且依据现有证据难以认定《鉴定证书》所载技术系虚假技术。同时，北航大学在合同磋商时向钦州锐丰公司提交了《示范项目申请报告》，用以说明其关于钒钛磁铁砂矿综合利用技术工业化试验项目的规划。鉴于北航大学完整告知了钒钛磁铁砂矿综合利用技术半工业试验阶段的真实情况，以及钒钛磁铁砂矿综合利用技术工业化试验项目的真实规划，最高人民法院最终认定北航大学不构成对钦州锐丰公司的欺诈。

另外，在本案中最高人民法院还对技术委托开发合同的委托方应自行完成的商业判断，与认定受托方是否构成欺诈之间的关系作了明确说明。在本案中，北航大学与北京金珅宏宇公司开发完成的“钒钛磁铁砂矿综合利用技术”，是半工业试验技术。该半工业试验技术是否可以成功研发成为钒钛铁分离技术工业化示范项目，除了技术分析外，还要基于委托方本身对项目的判断能力、认知能力、相关信息的来源及委托方所能合理预知的情况等因素进行综合的决策，其本质上是一种商业判断。在技术开发合同的磋商阶段，技术方应确保所提供的技术真实有效，但对于项目的估算产值、核算项目成本、预测项目利润等商业分析理应由投资方自行完成。在本案中，北航大学对钒钛铁分离技术工业化示范项目上的商业价值提出了参考意见，但是否投资该项目仍应由钦州锐丰公司自行作出商业判断。因此，判断技术委托开发合同的委托方是否受欺诈而陷于错误判断，应结合技术开发活动的特性，并综合考虑委托方的认知能力、信息来源及所能合理预知的情况等因素。在受托方已经尽到合理告知义务的情况下，委托方未完成应由其自行完成的商业判断，不能据此认定受托方构成欺诈。

（二）适用的法律

本案中认定技术开发合同订立时是否构成欺诈，适用了《合同法》第54条关于可变更或撤销合同的情形的规定及《技术合同司法解释》第9条、第11条关于技术合同构成欺诈的法律后果的规定。在《民法典》颁布后，上述条款作了相应的变更。针对本案中的因欺诈可撤销合同的规定在《民法典》第148条有所体现，该条规定："一方以欺诈手段，使对方在违背真实意思的情况下实施的民事法律行为，受欺诈方有权请求人民法院或者仲裁机构予以撤销。"另外，2020年修正后的《技术合同司法解释》第9条就构成技术合同欺诈的情形作了列举性的规定。该条规定："当事人一方采取欺诈手段，就其现有技术成果作为研究开发标的与他人订立委托开发合同收取研究开发费用，或者就同一研究开发课题先后与两个或者两个以上的委托人分别订立委托开发合同重复收取研究开发费用，使对方在违背真实意思的情况下订立的合同，受损害方依照《民法典》第148条规定请求撤销合同的，人民法院应当予以支持。"

同时，2020年《技术合同司法解释》的第11条就技术合同撤销后的法律后果作明确规定。该条款规定："技术合同无效或者被撤销后，技术开发合同研究开发人、技术转让合同让与人、技术许可合同许可人、技术咨询合同和技术服务合同的受托人已经履行或者部分履行了约定的义务，并且造成合同无效或者被撤销的过错在对方的，对其已履行部分应当收取的研究开发经费、技术使用费、提供咨询服务的报酬，人民法院可以认定为因对方原因导致合同无效或者被撤销给其造成的损失。技术合同无效或者被撤销后，因履行合同所完成新的技术成果或者在他人技术成果基础上完成后续改进技术成果的权利归属和利益分享，当事人不能重新协议确定的，人民法院可以判决由完成技术成果的一方享有。”上述规定可作为适用因欺诈而撤销技术合同的法律依据。

（三）基于案例的签约提示

本起因技术委托开发合同引发的纠纷，充分体现了技术合同的特点。无论是技术开发合同、技术转让合同还是技术许可合同，与一般经济性合同的区别就在于其合同标的的技术性。特别在技术开发合同中，技术从无到有，或从不成熟到成熟（半工业化到工业化），在合同的履行过程中，存在许多影响要素。因此，在技术合同签订时，双方应对于技术合同在履行过程中可能面临的，因技术水平、信息收集、开发人员的能力、资金投入等问题有所预见，并在合同中进行约定，以避免在履行过程中出现未预见的情况而发生无法调和的争议。同时，在无相关细化约定的情况下，也可参照《民法典》技术合同编及《技术合同司法解释》的规定，以界定合同双方的权利和义务关系。

本案给予签订技术合同的另一个的启示是，在对新兴的技术作出投资决策时，出资方除了参考技术开发方给予的相关技术资料外，还需自行对整个项目的可行性进行多方面分析，最好是委托专业的独立第三方对涉及该技术整体项目的商业化分析，进行全面评估。在本案中，委托方钦州锐丰公司在获得“钒钛磁铁砂矿综合利用技术”半工业试验技术后，委托北航大学进行钒钛铁分离技术工业化示范项目的开发，在委托开发合同履行过程中发现技术存在问题，由此引发争议，最终经法院审理判令受托方不存在欺诈的行为，合同无法撤销。这一判决结果，对最终投资方的香港锐丰公司造成的损失是惨重的。回顾整个合同磋商、签订及履行过程，钦州锐丰公司在发现技术开发困难后，经向相关部门咨询才得知技术存在的问题的原因，但最终因技术开发存在阶段性的特点，无法将合同予以撤销恢复原状。因此，若香港锐丰公司在项目合作前期先就项目中存在的技术、经营等问题作全面论证，可能就不会产生如此大的损失。

案例六：技术开发（工业化）合同中合同目的的认定

再审申请人陕西天宝大豆食品技术研究所与被申请人汾州裕源土特产品有限公司技术合同纠纷案（2016）最高法民再251号。❶

（一）案情简介

汾州裕源土特产品有限公司（以下简称“裕源土特产公司”）是以从事核桃、核桃仁等农副产品的研发和加工为主的生产销售企业，陕西天宝大豆食品技术研究所（以下简称“天宝食品研究所”）是一家从事大豆系列食品新技术、新产品的研究开发的咨询公司。2006年5月5日，天宝食品研究所与裕源土特产公司签订《专利实施许可合同》，约定天宝食品研究所将其“核桃乳酸菌饮料及其制备方法”专利许可给裕源土特产公司实施，同时约定验收标准和方法，并采取一次性实践的方法验收，由双方签署合同技术验收合格协议书。如果产品验收不合格，属技术及提供的设备问题，由天宝食品研究所承担相应经济损失。同时，双方又签订《投资合作协议书》，约定双方投资组建核桃乳酸菌饮料生产企业，天宝食品研究所以涉案专利许可费110万中的60万元入股，占15%股份比例，裕源土特产公司以土地使用权、厂房、设备、特有的技术和流动资金作为投资，占85%股份比例。天宝食品研究所根据双方关于生产设备购买的约定，按照裕源土特产公司通知将全部生产设备运至建成车间，设备质量由天宝食品研究所全权负责。2007年4月14日，裕源土特产公司提供的桃核乳酸菌饮品及其制

❶　最高人民法院．最高人民法院知识产权案件年度报告（2017）（摘要）[R/OL].（2018-04-24）[2022-03-04]. https://www. court. gov. cn/zixun-xiangqing-92062. html.

备方法通过了当地科技局组织的科学技术成果鉴定。但是，2007 年 6 月、7 月，试生产出的核桃乳酸菌饮品送到当地酒店进行免费品尝，因存在口感不稳定、解决不了沉淀等问题无法上市销售。因此，裕源土特产公司以天宝食品研究所提供的涉案技术生产的核桃乳酸菌饮料不合格，涉案技术达不到工业化生产的条件，致使合同无法履行，构成根本性违约为由，请求解除《专利实施许可合同》和《投资合作协议书》，天宝食品研究所返还技术服务费并赔偿损失。

一审法院认为，裕源土特产公司已举证证明其履行了合同义务，并就涉案设备、产品等所存在的问题和缺陷提交了证据，天宝食品研究所并未提交反证，故由天宝食品研究所承担举证不利的后果。据此，一审法院判决解除涉案合同，返还技术使用费并赔偿相关损失。天宝食品研究所不服，提起上诉。二审法院认为，裕源土特产公司始终未能生产出符合上市条件的合格产品，双方就涉案非标设备的质量问题有争议。因天宝食品研究所未能解决试生产饮品存在的口感不稳定、沉淀等问题，故可以认定天宝食品研究所并没有按合同约定完成其合同义务。鉴于裕源土特产公司签订涉案合同的目的落空，故应判决解除合同，返还技术使用费。但因双方均不存在主观过错，故对相关损失应依照公平原则分担，由裕源土特产公司承担 20%的损失，由天宝食品研究所承担 80%的损失。天宝食品研究所不服，向最高人民法院提起再审。最高人民法院提审本案，并于 2017 年 1 月 24 日作出再审判决，撤销了一审、二审判决，驳回了裕源土特产公司的全部诉讼请求。

（二）适用的法律

本案中关于天宝食品研究所与裕源土特产公司签订的合同是否可以依据《合同法》第 94 条第（四）项“当事人一方迟延履行债务或者有其他违约行为致使不能实现合同目的”[1] 规定适用法定解除，是本案法律适用时需

[1] 《民法典》将本案中适用的《合同法》的第 94 条编入至第 563 条，该条第（四）项关于违约不能实现合同目的的法定解除情形的规定条款予以保留。

要考虑的问题。《合同法》第94条确立了合同法定解除权制度，其作为合同法项下的制度，须以维护意思自治、鼓励市场交易、稳定市场秩序、实现资源的有效配置的合同法立法宗旨和价值取向为依据，故对合同法定解除权的适用条件予以严格限定才是这一制度的主要方面和价值侧重。在本案中，涉案合同明确约定合同项下合格产品的认定标准为国家标准，二审法院以“符合上市条件”作为认定产品合格的依据，将合同约定的技术标准拔高为市场标准，系对涉案合同关于合格产品认定标准的错误理解。在技术合同领域，特别是在涉及工业化的合同中，特别应注意对合同法定解除权的适用予以规范。区别技术工业化和产品商业化的概念，避免在没有明确约定的情况下，将产品商业化认定为技术合同的目的。技术工业化以技术工业化运用为目标，仅解决技术能否从实验室走向工厂，产出合格产品的问题；产品商业化则以盈利为目标，其所关心的是供给方和需求方在质和量上是否匹配的问题，即产品是否适销对路、有无利润空间的问题。技术工业化只是产品商业化的必要条件，而非充分条件，故若在无明确约定的情况下将产品商业化，乃至盈利，认定为技术合同的合同目的，将阻碍技术向生产力转化的动力。

（三）基于案例的签约提示

本起案例引发对于合同签约时应注意的关键点，在于如何约定技术合同的技术成果验收标准。根据《民法典》第845条规定，验收标准是技术合同中的主要的约定内容之一。若合同就质量要求约定不明确的，依据《民法典》第511条第（一）项规定：“质量要求不明确的，按照强制性国家标准履行；没有强制性国家标准的，按照推荐性国家标准履行；没有推荐性国家标准的，按照行业标准履行；没有国家标准、行业标准的，按照通常标准或者符合合同目的的特定标准履行。”另外，在《技术合同会议纪要》中，就技术合同的质量约定作出更细化的规定，其中第25条规定：“技术合同当事人对技术成果的验收标准没有约定或者约定不明确的，在适用《合同法》第62条（编入《民法典》第511条）的规定时，没有国家标准、行业标准或者专业技术标准的，按照本行业合乎实用的一般技术要求履行。”值得注意的是，该条第 2 款明确规定：“当事人订立技术合同时所作的可行性分析报告中有关经济效益或者成本指标的预测和分析，不应当视为合同约定的验收标准，但当事人另有约定的除外。”因此，结合本案件的判决要旨及相关法律及司法文件的规定，在技术合同签订时，一般不将经济效益或成本指标作为验收标准，但这并不排除双方在协商一致的情况下，将相关的经济效益或成本指标约定为技术合同的验收标准。

案例七：技术开发合同中开发方迟延履行行为的认定

上诉人北京中易游网络科技有限公司与被上诉人北京盛世星辉网络科技有限公司计算机软件开发合同纠纷案（2019）最高法知民终 433 号。[1]

（一）案情简介

2016 年 7 月 27 日，北京中易游网络科技有限公司（以下简称“中易游公司”）与北京盛世星辉网络科技有限公司（以下简称“盛世星辉公司”）签订《软件开发合同》。中易游公司为委托方，盛世星辉公司为受托方。《软件开发合同》第一条合同标的约定：

（1）手机游戏长连接强联网服务端程序（含源码）。

（2）机游戏管理工具（含源码）。

（3）数据库使用软件及版本需按甲方需求完成，可正常运行并调试。

（4）所开发服务器同时在线不可少于 1 万人。

（5）协助部署：①启动日期为甲乙双方合同签订后；②交付日期为自项目启动后，在 60 个工作日内完成。

[1] 最高人民法院．最高人民法院知识产权案件年度报告（2019）（摘要）［R/OL］．(2020-04-23)［2022-03-04］．https://www.court.gov.cn/zixun-xiangqing-227071.html.

在第二条关于甲乙双方义务和权利中，乙方作为开发方有一项应按照《项目功能说明书》的约定交付合格的软件的义务。但在法院审理时发现，甲方未向乙方提供《项目功能说明书》，双方也未就《项目功能说明书》形成事先的一致意见。同时，在该合同中，双方未就项目的软件开发计划作明确的约定。在2017年1月10日至6月21日合同履行期间中，中易游公司通过QQ聊天的方式多次要求盛世星辉公司对角色数据、邮件数据、角色专属属性、取得游戏主页面信息等接口进行修改，其中有些内容存在反复修改。同时，委托方中易游公司在合同履行过程中还发生负责软件前端开发的人员人事变动的情况，导致对接工作中断或产生延迟等情况。直至2017年6月21日，合同签订后近一年，双方仍在就所开发软件的维护及开发进行协商。

基于开发方迟迟未能交付软件产品，委托方中易游公司以开发方盛世星辉公司未按要求完成开发工作，也未按约交付产品完成验收，致使中易游公司合同目的不能实现为由，向法院提起诉讼。委托方中易游公司要求解除双方签订的《软件开发合同》，由盛世星辉公司退还款项、赔偿损失。一审法院经审理后认为，因双方一致同意解除涉案合同，故准许双方签订的《软件开发合同》予以解除；另鉴于盛世星辉公司应中易游公司的要求对涉案软件进行修改和维护，中易游公司多次提出修改及增加端口的要求是导致涉案合同履行超期的原因之一，且盛世星辉公司完成的工作量与中易游公司已付款项相当，故中易游公司要求返还已支付的开发款及利息的请求不予支持。一审法院判决解除软件开发合同，驳回中易游公司其他诉讼请求。中易游公司不服，向最高人民法院提起上诉。最高人民法院于2019年11月13日判决驳回上诉，维持原判。

最高人民法院在审理时认为，盛世星辉公司应履行的主要合同义务之一，是按约定日期及《项目功能说明书》的约定，向委托方中易游公司交付名称为“手机游戏长连接强联网服务端程序（含源码）及手机游戏管理工具（含源码）”的合格软件。结合双方的庭审陈述和举证情况，可以认定软件开发合同订立后没有制定《项目功能说明书》，同时双方也没有制订软件开发计划。由于双方在软件开发合同履行初期未能及时协商制订软件开发计划，不可避免造成后续开发过程中，双方需依赖于遵循相互的信任，通过对接磨合以达成一致，人为增加了双方在协调工作进度上的时间成本，进而加大开发方不能按期交付软件的风险和难度。作为一个软件开发项目，在开发中需要修改，不一定是委托方的需求变更所致，也可能是因开发方工作不符合要求所致。结合本案中双方在 QQ 聊天中的记录内容，导致软件开发进程延后的原因主要是委托方中易游公司的人事变动，以及自行更改软件开发思路，新增需求事项而增加了开发时间。因此，开发进度被拖延的原因不应简单归责于盛世星辉公司。

（二）适用的法律

最高人民法院认为，在本案中涉案合同为计算机软件开发合同，软件开发合同成立并生效后，各方当事人应当遵守并且全面履行己方义务，且行使合同权利及义务均应当遵循诚实信用原则。根据《合同法》第 107 条的规定，当事人一方不履行合同义务或者履行合同义务不符合约定的，应当承担继续履行、采取补救措施或者赔偿损失等违约责任。《合同法》所规定的违约行为主要包括拒绝履行合同义务、履行合同义务不符合约定两种情形。履行合同义务不符合约定包括迟延履行、不完全履行、给付成果有瑕疵、加害给付等类型。本案中，中易游公司作为委托方，起诉开发方盛世星辉公司存在迟延履行的违约行为，均属于《合同法》第 107 条所规定的履行合同义务不符合约定的范畴。因此，要认定中易游公司上诉主张的违约行为是否成立，应当根据软件开发合同中约定的盛世星辉应履行的义务内容，并结合盛世星辉公司的具体履行情况作出认定。

（三）基于案例的签约提示

本起案件所涉的合同是软件开发合同，属于技术开发合同的类别。技术开发合同的特点系通过合同的履行，产生的新的技术成果。通过合同的履行能否最终实现技术研发的成果，与其他技术合同相比具有更大的不确定性。在技术开发合同中，双方均有义务需要相互配合、通力合作、有效沟通以实现新技术成果的研发成功。因此，在技术开发合同签订时，应明确合同双方的权利和义务。对于开发方的义务，其应当根据委托方的要求提供研究开发计划，具体内容包括实施研究开发工作的总体计划、年度计划、季度计划等，需要明确约定每一个阶段要解决的技术问题、完成的研究内容、达到的目标及完成的期限等内容。对于委托方的义务，应对开发方提出明确具体的研究开发要求，同时要做好必要的协助工作，包括提供完备的技术资料，以及开发方所要求的必要的技术背景资料。需要特别注意的是，如果委托方仅是为研究开发而提供辅助性开发工作，不能因此认定其参与了研发，将委托开发合同的性质变为合作开发合同。

案例八：专利实施许可合同涉嫌垄断

厦门大洋工艺品有限公司与厦门市黄河技术贸易有限公司专利实施许可合同纠纷案（2003）民三终字第8号。[1]

（一）案情简介

该案系2004年最高人民法院公报案例。1999年11月19日，被告厦门市黄河技术贸易有限公司（甲方）（以下简称“黄河贸易公司”）与原告大洋工艺品有限公司（乙方）（以下简称“大洋公司”）签订《专利技术合作及专利技术实施许可合同》，约定甲方在收到定金后100天内，分批负责制造出本合同约定应供给乙方的生产线，并运抵乙方指定的工厂等事项。合同签订后，大洋公司按照合同约定，将阳明楼房产交付给黄河贸易公司

[1] 大洋公司诉黄河公司专利实施许可合同纠纷案［J/OL］．中华人民共和国最高人民法院公报．2004（9）：裁判文书选登［2022-03-04］．http://gongbao.court.gov.cn/Details/19731e09a0e4875770100e09892329.html？sw=大洋公司诉黄河公司专利实施许可合同纠纷案。

抵合同款，但未按照合同约定支付定金。1999 年 12 月 23 日，黄河贸易公司与厦门阳兴兴业输送机有限公司签订《产品制造协议书》，定制重型悬挂输送机 3 条。当挂物输送线运抵大洋公司的生产基地安装时，遭到大洋公司项目负责人阻拦，导致输送线无法安装。因大洋公司不允许安装设备，双方签订的《专利技术合作及专利技术实施许可合同》停止履行。2000 年 1 月 21 日，黄河贸易公司致函大洋公司，表明其已经按合同约定履行了相关义务，要求大洋公司支付定金 50 万元。2000 年 1 月 26 日，针对黄河贸易公司的来函，大洋公司复函，提出对方的产品没有专利权保障，且由于市场其他供货商每一平方米的产品市价仅为 25 元等因素，将导致其无法实现合同目的，要求黄河贸易公司提出解决方案，否则将依《合同法》规定，申请法院予以撤销或变更合同。因黄河贸易公司不同意解除合同导致双方发生争议，大洋公司以黄河贸易公司没有履行合同等为由诉至福建省高级人民法院，要求解除合同。

一审法院审理认为，原被告双方签订的《专利技术合作及专利技术实施许可合同》系自愿签订的专利技术实施许可合同，合同内容没有违反法律、行政法规的强制性规定，是有效合同，应受法律保护。合同签订后，大洋公司虽然已将厦门阳明房地产开发有限公司的房产抵作合同款项履行合同部分义务，但其未依合同规定交付定金并继续履行付款义务，已构成违约。而黄河贸易公司在履行合同部分义务后，因遭到大洋公司的无理阻拦而被迫停止合同继续履行。现大洋公司以黄河贸易公司没有履行合同等为由要求解除合同没有事实依据，诉争合同尚不具备《合同法》规定的解除合同的条件，双方签订的《专利技术合作及专利技术实施许可合同》也没有特别约定合同解除的条件。据此，在黄河贸易公司不同意解除合同的情况下，大洋公司单方解除合同及返还款项的请求不应得到支持。因此，一审法院判决驳回原告诉讼请求。

大洋公司不服福建省高级人民法院的一审判决，向最高人民法院上诉，并以合同存在非法垄断技术、妨碍技术进步为由，请求确认合同无效。虽然这一诉讼请求本不属于大洋公司起诉的诉讼请求范围，但是鉴于黄河贸易公司在二审中对此作了实质性答辩，并同意将此作为本案争议焦点，二审法院在庭审过程中，对此问题也进行了法庭调查，最终二审法院判决驳回上诉，维持原判。

（二）适用的法律

最高人民法院认为，虽然《合同法》第329条规定“非法垄断技术、妨碍技术进步或者侵害他人技术成果的技术合同无效”，但专利技术实施许可合同生效后，专利技术许可方按合同的约定，向专利技术接受方提供包含专利技术的专用生产设备，使其用于生产和销售专利产品的，不构成《合同法》第329条规定的“非法垄断技术、妨碍技术进步”的情形。依据《专利法》第1条可知，《专利法》的立法目标和立法目的就是保护专利权人的合法权益，鼓励发明创造，推动发明创造的应用，提高创新能力，促进科学技术进步和经济社会发展，而不是鼓励通过专利限制竞争、妨碍技术进步。而《合同法》第329条“非法垄断技术、妨碍技术进步”行为的规定可以视为对《专利法》第1条的细化。本案中，诉争专利实施许可合同涉及的石材成型机是包含专利技术的专用设备。上诉人实施该技术，购买该机器设备是必需的。依据专利实施许可合同的约定，实施该专利技术所使用的设备包括主机、特种模具及传送带，以建立造价为人民币500万元的生产线。上诉人大洋公司从被上诉人黄河贸易公司处约定获得的专利实施许可，并不是制造专利产品（即石材切压成型机），而是通过使用该专利产品生产、销售最终产品——石材。因此，在专利实施许可合同中约定由技术许可方提供履行合同所需要的专利设备，并不违反《专利法》及《合同法》的规定。因此，上诉人大洋公司称该部分设备是被上诉人强加于上诉人的，但未举证证明其主张。故其以“非法垄断技术、妨碍技术进步”的上诉理由确认合同无效不能成立。本案中法院依据的《合同法》第329条，于2020年修改为“非法垄断技术或者侵害他人技术成果的技术合同无效”编入《民法典》第850条，且《技术合同司法解释》第10条根据TRIPs和《对外贸易法》，参照相关条例，并参考国外的一些立法例和判例，列举了本条规定的“非法垄断技术”这一技术合同特殊无效事由的几种具体情形，即限制技术研发和限制使用或不对等交换改进技术、限制技术来源、限制技术实施、搭售、限购和不争义务。因此，该条款系处理技术许可合同中许可方因技术垄断导致合同无效的明确规定。

（三）基于案例的签约提示

《民法典》第850条规定，非法垄断技术或者侵害他人技术成果的技术合同无效。《技术合同司法解释》第10条根据TRIPs和《对外贸易法》，参照相关条例，并参考国外的一些立法例和判例，列举了本条规定的“非法垄断技术”这一技术合同特殊无效事由的几种具体情形：①限制当事人一方在合同标的技术基础上进行新的研究开发或者限制其使用所改进的技术，或者双方交换改进技术的条件不对等，包括要求一方将其自行改进的技术无偿提供给对方、非互惠性转让给对方、无偿独占或者共享该改进技术的知识产权；②限制当事人一方从其他来源获得与技术提供方类似的技术或者与其竞争的技术；③阻碍当事人一方根据市场需求，按照合理方式充分实施合同标的技术，包括明显不合理地限制技术接受方实施合同标的技术生产产品或者提供服务的数量、品种、价格、销售渠道和出口市场；④要求技术接受方接受并非实施技术必不可少的附带条件，包括购买非必需的技术、原材料、产品、设备、服务，以及接收非必需的人员等；⑤不合理地限制技术接受方购买原材料、零部件、产品或者设备等的渠道或者来源；⑥禁止技术接受方对合同标的技术知识产权的有效性提出异议或者对提出异议附加条件。另外，除《技术合同司法解释》第10条列举的之外，具体到个案中仍可能出现可以“非法垄断技术”来认定合同无效或者部分无效的具体事由。比如，技术秘密转让合同中约定禁止受让人在合同终止后继续使用受让技术的条款，导致受让人在合同终止后不能使用自己作出的与受让技术无法分离的有价值的技术改进或者发展，该禁用条款就可以被认定无效。当然，在此情况下，该禁用条款的无效并不影响让与人要求受让人为继续使用其让与的技术秘密支付合理使用费的权利。因此，结合本案件的判决要旨及相关法律及司法文件的规定，在技术合同签订时，可以结合上述规定，以及合同双方的实际情况进行选择性的约定。

案例九：专利共有人订立专利实施许可合同

王某1、王某2、吕某某、梅某某与黑龙江无线电一厂专利实施许可合同纠纷案（2006）民三提字第2号。❶

（一）案情简介

王某1、王某2、梅某某与黑龙江无线电一厂（以下简称“无线电一厂”）于1989年9月1日签订了专利技术转让合同，并于1989年10月14日向无线电一厂提交了全套图纸和设计资料。无线电一厂按合同支付了1.3万元入门费后，进行了调试和试生产。在此合同基础上，根据无线电一厂的要求，王某1、王某2、梅某某与无线电一厂于1990年11月1日重新签订《排他性专利实施许可合同》。王某1代表王某2、梅某某在合同文本上签字，虽该合同并未约定专利的处分权归上述三人共有，也未就有关专利实施许可的收益问题对王某2、梅某某作出分配数额的约定，但约定了（王某1、王某2、梅某某3人）有获得入门费、专利使用费的权利。1991年3月20日，王某1在没有征得王某2、梅某某同意和授权的情况下，以个人名义与无线电一厂签订《终止合同协议书》，以该合同涉及的单人便携式浴箱的结构形式的专利技术在生产中无法实施为主要理由终止了合同。但《终止合同协议书》签订后，无线电一厂并没有返还该技术的全套设计图纸和设计资料，仍然使用该专利技术进行生产。另外，王某1与王某2、吕某

❶ 王兴华、王振中、吕文富、梅明宇与黑龙江无线电一厂专利实施许可合同纠纷案［J/OL］. 中华人民共和国最高人民法院公报，2007（1）：裁判文书选登［2022-03-04］. http://gongbao.court.gov.cn/Details/9800e00ba8bb878ee800324d164ec8.html? sw=王兴华、王振中、吕文富、梅明宇与黑龙江无线电一厂专利实施许可。

某、梅某某三位第三人之间的专利权属纠纷业经哈尔滨市中级人民法院(1994) 哈经初字第229号生效判决确认为权属共有、效益分配比例为王某1占45%，王某2占35%，吕某某占15%，梅某某占5%，因此王某1与无线电一厂就专利实施许可合同的有效性发生争议诉至法院，请求判决无线电一厂在终止协议签订后继续给付使用费，无法律根据。

一审法院认为，王某1与无线电一厂签订的《专利实施许可合同》为有效合同。双方在履行合同过程中，根据实际情况自愿签订的《终止合同协议书》也不违反法律规定。经法院判决，确认专利权为王某1及王某2、吕某某、梅某某共有，无线电一厂应按约定给付王某1及王某2、吕某某、梅某某相应的使用费。一审判决后，王某1、王某2、吕某某三人不服，提出上诉。原二审法院认为，王某1本人并代表王某2、梅某某与无线电一厂签订的《排他性专利实施许可合同》，是双方当事人真实意思表示，不违反法律规定，应认定为有效。但王某1在没有征得王某2、梅某某同意和授权的情况下，以个人名义与无线电一厂签订《终止合同协议书》，侵害了他人的合法权益，合同效力应认定无效，据此判决撤销原一审判决。无线电一厂不服终审判决，向原二审法院申诉。申诉被驳回后，无线电一厂又向最高人民法院申请再审，最高人民法院函转黑龙江省高级人民法院审查处理。后黑龙江省高级人民法院裁定另行组成合议庭对本案进行再审。原再审认为，王某1与无线电一厂签订《终止合同协议书》时，仍是专利证书上所记载的唯一专利权人。无线电一厂签订《终止合同协议书》是应专利权人王某1的请求签订。在此期间，王某2、吕某某、梅某某等人的专利权与王某1共有的权利并未依法得以确认，而且原告及第三人等也未举证证明，无线电一厂应王某1的请求签订《终止合同协议书》有损害第三人合法权益的恶意。即《专利实施许可合同》和《终止合同协议书》的专利实施许可方均由王某1一人签字，故两份合同的效力应作同一认定。王某1以专利权人身份与无线电一厂签订的上述两份合同，符合《专利法》的规定，均为有效合同。专利权经确认为共有时，无线电一厂基于《专利实施许可合同》所负的义务已经依《终止合同协议书》解除，无线电一厂与王某1等人之间已不存在合同关系，判令撤销原二审判决，维持原一审裁定。王某1、王某2、吕某某、梅某某不服原再审判决，向最高人民法院申请再审。最高人民法院最终认定《终止合同协议书》无效，撤销原再审裁定。

（二）适用的法律

最高人民法院认为，2008年《专利法》第15条规定："专利申请权或者专利权的共有人对权利的行使没有约定的，共有人可以单独实施或者以普通许可方式许可他人实施该专利；许可他人实施该专利的，收取的使用费应当在共有人之间分配。"该条只规定了专利权共有人缔约专利实施许可合同的权利，没有规定其他非专利权人作为共有人的情况。一般而言，专利申请权或者专利权的共有需要事先约定，依据约定决定共有的性质及共有的状态。在本案中，专利权人虽然只有一个，但是其在签订合同时，是代表其他两人的，并且虽该合同虽没有约定专利的处分权归上述三人共有，但约定了甲方有获得入门费、专利使用费的权利。该合同虽未约定其他两人的收益数额，但没有约定的只是具体的分配比例，并不是没有约定两人应获得的收益，即合同对其他非专利权人也约定了权利义务。因此，专利权人行使专利权应当受到合同的约束。不经过其他非专利权人的同意，专利权人无权独自解除所签订的专利实施许可合同，否则，就会损害合同其他当事人的合法权益。故在该合同中，应当确认王某1、王某2、梅某某等三人对专利权的共有状况，合同的实施及解除也应当经过其他两人的同意。本案中法院依据2008年《专利法》第15条，于2020年10月17日修正为《专利法》第14条。该条文全款内容予以保留，并于2021年6月1日予以施行。因此，该条款系本条是关于行使共有的专利申请权、专利权的规定。

（三）基于案例的签约提示

本起案例依法对于合同签订时应注意的关键点，在于专利申请权、专利权的共有应如何约定。根据《专利法》第14条规定，若共有人对权利的行使有约定的，从其约定。也就是说，专利申请权、专利权的共有人有权对共有权的行使进行协商，作出约定。比如，共有人之间约定，行使共有的专利申请权、专利权必须经全体共有人同意；若共有人对权利的行使未作约定的，共有人可以单独实施或者以普通许可的方式许可他人实施该专利，因为其他许可方式会损害其他共有人的利益。除此之外，对其他权利的行使应当取得全体共有人的同意。比如，将共有的专利权进行质押，就应当取得全体共有人的同意。因此，结合本案件的判决要旨及相关法律及司法文件的规定，在技术许可合同签订时，一般应针对专利申请权、专利权的状况进行了解并在合同中约定。

案例十：专利权转让合同的效力认定

北京朗坤生物科技有限公司与北京汇朗生物科技有限公司专利权转让合同纠纷案（2019）最高法知民终第394号。[1]

（一）案情简介

2015年5月5日，北京朗坤生物科技有限公司作为甲方（以下简称“朗坤公司”）与北京汇朗生物科技有限公司作为乙方（以下简称“汇朗公司”）签订《专利转让协议》。双方约定，由甲方将涉案专利转让至乙方，乙方不得将涉案专利转让给任何第三方，否则应当向甲方公司支付违约金100万元。2016年11月23日，汇朗公司董事长刘俊霞在未经其他股东同意及其他股东不知情的情况下，私自控制了汇朗公司的公章，将涉案专利转让给案外人蔡丽民。后案外人针对涉案专利提起了无效宣告请求，因权利人蔡丽民在专利无效程序中没有进行恰当的答辩，致使涉案专利被判定无效，

[1] 北京朗坤生物科技有限公司与北京汇朗生物科技有限公司专利权转让合同纠纷案［J/OL］. 中华人民共和国最高人民法院公报，2021（1）：裁判文书选登［2022-03-04］. http://gongbao. court. gov. cn/Details/10aaa03311bb63cbb097c3953c4381. html? sw=北京朗坤生物科技有限公司与北京汇朗生物科技有限公司专利权转让。

该决定已生效。双方就专利权无效后的合同效力产生争议诉至法院，朗坤公司诉请汇朗公司向其支付违约金100万元。

一审法院认为，鉴于涉案专利已经被宣告无效，对于涉案协议中已经履行完毕的不再追溯，未履行的不再履行。且涉案协议中的违约条款虽然约定了100万元的违约金，但涉案专利被宣告无效是由于其本身专利性存在问题，而并非汇朗公司的违约行为所致。因此，朗坤公司在涉案专利已被宣告无效的情况下，仍请求判令汇朗公司就将涉案专利转让予第三方而支付违约金，缺乏事实与法律依据，判决驳回朗坤公司的诉讼请求。朗坤公司不服，提起上诉至最高人民法院。最高人民法院最终判决汇朗公司违反《专利转让协议》，应支付朗坤公司15万元。

（二）适用的法律

本案中，涉案专利的专利权人于2016年12月21日由汇朗公司变更为案外人蔡丽民，转让合同上盖有汇朗公司的公章，应当认定系汇朗公司实施了转让涉案专利的行为，明显违反了《专利转让协议》的约定。《专利法》第47条第1款、第2款规定："宣告无效的专利权视为自始即不存在。宣告专利权无效的决定，对在宣告专利权无效前人民法院作出并已执行的专利侵权的判决、调解书，已经履行或者强制执行的专利侵权纠纷处理决定，以及已经履行的专利实施许可合同和专利权转让合同，不具有追溯力。但是因专利权人的恶意给他人造成的损失，应当给予赔偿。"具体来说，可区分两个方面的问题。

其一，针对专利权被宣告无效前已经签订的专利实施许可合同或者转让合同的效力而言，专利权被宣告无效并非导致合同无效的事由。如果相关合同系当事人的真实意思表示，不违反法律、行政法规的强制性规定，不违背公序良俗，也不存在导致合同无效的其他事由，基于维护当事人意思自治及促进交易的价值考虑，不能仅仅因为专利权被宣告无效而认定无效前已经签订的专利许可或转让合同也无效。专利权被宣告无效对合同履行产生的后果应当是与专利权相关的义务履行不能，由于合同客观上无法继续履行，当事人可以主张解除合同，合同的权利义务终止。

其二，针对宣告无效的专利权对于尚未履行的违约责任的溯及力问题，专利权被宣告无效不影响无效前已经签订专利权许可合同或者转让合同的效力。无效前尚未履行的部分是否一概不再履行，应当审查判断未履行部分是否系因行使专利权所直接获得的利益。许可费、转让费、侵权损害赔偿等系以专利权为基础的对价，专利权被宣告无效后未履行的不再履行。合同约定的违约金如果与专利权的价值并非直接对应，而是因违约行为给当事人造成的专利权价值以外的其他损失，非违约方有权要求违约方继续履行。汇朗公司实施擅自向第三方转让涉案专利时，涉案专利是有效的，汇朗公司明知其不得向第三方转让仍然实施违约行为，理应承担相应的不利后果。否则，如果仅仅因为专利权事后被宣告无效而免除汇朗公司本应承担的违约责任，将导致朗坤公司对于合同正常履行的利益无法受到保护，也是对违约方的不当纵容。

本案中法院依据 2008 年《专利法》第 47 条，于 2020 年 10 月 17 日重新修订，该条文全款内容予以保留。因此，该条款系专利权无效后技术合同效力问题的规定。

（三）基于案例的签约提示

根据《专利法》第 47 条规定："宣告无效的专利权视为自始即不存在。宣告专利权无效的决定，对在宣告专利权无效前人民法院作出并已执行的专利侵权的判决、调解书，已经履行或者强制执行的专利侵权纠纷处理决定，以及已经履行的专利实施许可合同和专利权转让合同，不具有追溯力。但是因专利权人的恶意给他人造成的损失，应当给予赔偿。"但专利权被宣告无效的，之前已经签订的专利权许可或转让合同并不因此而无效。上述合同因专利权无效而不能履行的，当事人可以据此主张变更或者解除合同；专利权被宣告无效后合同尚未履行的部分是否一概不予履行，应根据未履行部分设计的利益是否系因形式专利权所直接获得的利益进行判断。专利权许可费、转让费、侵权损害赔偿等均属于专利权价值的对象，专利权被宣告无效后，权利人无权要求继续履行。如果未履行部分系因当事人违约行为而应承担的违约金通常并非直接对应于专利权的价值，而是对应当事人的违约行为。专利权宣告无效对此并不具有溯及力，专利权人有权要求违约方继续履行为未支付的违约金，因此，在实际合同签订时，应当明确专利转让或许可合同中标的的状态，并明确约定相应的违约行为。

附　录

相关法条节选

一、《中华人民共和国民法典》

（2021年1月1日实施）

第一百四十二条　有相对人的意思表示的解释，应当按照所使用的词句，结合相关条款、行为的性质和目的、习惯以及诚信原则，确定意思表示的含义。

无相对人的意思表示的解释，不能完全拘泥于所使用的词句，而应当结合相关条款、行为的性质和目的、习惯以及诚信原则，确定行为人的真实意思。

第一百四十七条　基于重大误解实施的民事法律行为，行为人有权请求人民法院或者仲裁机构予以撤销。

第一百四十八条　一方以欺诈手段，使对方在违背真实意思的情况下实施的民事法律行为，受欺诈方有权请求人民法院或者仲裁机构予以撤销。

第一百四十九条　第三人实施欺诈行为，使一方在违背真实意思的情况下实施的民事法律行为，对方知道或者应当知道该欺诈行为的，受欺诈方有权请求人民法院或者仲裁机构予以撤销。

第一百五十条　一方或者第三人以胁迫手段，使对方在违背真实意思的情况下实施的民事法律行为，受胁迫方有权请求人民法院或者仲裁机构予以撤销。

第一百五十一条　一方利用对方处于危困状态、缺乏判断能力等情形，致使民事法律行为成立时显失公平的，受损害方有权请求人民法院或者仲裁机构予以撤销。

第一百五十二条 有下列情形之一的，撤销权消灭：

（一）当事人自知道或者应当知道撤销事由之日起一年内、重大误解的当事人自知道或者应当知道撤销事由之日起九十日内没有行使撤销权；

（二）当事人受胁迫，自胁迫行为终止之日起一年内没有行使撤销权；

（三）当事人知道撤销事由后明确表示或者以自己的行为表明放弃撤销权。

当事人自民事法律行为发生之日起五年内没有行使撤销权的，撤销权消灭。

第一百五十三条 违反法律、行政法规的强制性规定的民事法律行为无效。但是，该强制性规定不导致该民事法律行为无效的除外。

违背公序良俗的民事法律行为无效。

第四百六十六条 当事人对合同条款的理解有争议的，应当依据本法第一百四十二条第一款的规定，确定争议条款的含义。

合同文本采用两种以上文字订立并约定具有同等效力的，对各文本使用的词句推定具有相同含义。各文本使用的词句不一致的，应当根据合同的相关条款、性质、目的以及诚信原则等予以解释。

第五百一十条 合同生效后，当事人就质量、价款或者报酬、履行地点等内容没有约定或者约定不明确的，可以协议补充；不能达成补充协议的，按照合同相关条款或者交易习惯确定。

第五百一十一条 当事人就有关合同内容约定不明确，依据前条规定仍不能确定的，适用下列规定：

（一）质量要求不明确的，按照强制性国家标准履行；没有强制性国家标准的，按照推荐性国家标准履行；没有推荐性国家标准的，按照行业标准履行；没有国家标准、行业标准的，按照通常标准或者符合合同目的的特定标准履行。

（二）价款或者报酬不明确的，按照订立合同时履行地的市场价格履行；依法应当执行政府定价或者政府指导价的，依照规定履行。

（三）履行地点不明确，给付货币的，在接受货币一方所在地履行；交付不动产的，在不动产所在地履行；其他标的，在履行义务一方所在地履行。

（四）履行期限不明确的，债务人可以随时履行，债权人也可以随时请求履行，但是应当给对方必要的准备时间。

（五）履行方式不明确的，按照有利于实现合同目的的方式履行。

（六）履行费用的负担不明确的，由履行义务一方负担；因债权人原因增加的履行费用，由债权人负担。

第五百六十三条 有下列情形之一的，当事人可以解除合同：

（一）因不可抗力致使不能实现合同目的；

（二）在履行期限届满前，当事人一方明确表示或者以自己的行为表明不履行主要债务；

（三）当事人一方迟延履行主要债务，经催告后在合理期限内仍未履行；

（四）当事人一方迟延履行债务或者有其他违约行为致使不能实现合同目的；

（五）法律规定的其他情形。

以持续履行的债务为内容的不定期合同，当事人可以随时解除合同，但是应当在合理期限之前通知对方。

第五百六十四条 法律规定或者当事人约定解除权行使期限，期限届满当事人不行使的，该权利消灭。

法律没有规定或者当事人没有约定解除权行使期限，自解除权人知道或者应当知道解除事由之日起一年内不行使，或者经对方催告后在合理期限内不行使的，该权利消灭。

第五百七十七条 当事人一方不履行合同义务或者履行合同义务不符合约定的，应当承担继续履行、采取补救措施或者赔偿损失等违约责任。

第五百八十六条 当事人可以约定一方向对方给付定金作为债权的担

保。定金合同自实际交付定金时成立。

定金的数额由当事人约定；但是，不得超过主合同标的额的百分之二十，超过部分不产生定金的效力。实际交付的定金数额多于或者少于约定数额的，视为变更约定的定金数额。

第八百条 勘察、设计的质量不符合要求或者未按照期限提交勘察、设计文件拖延工期，造成发包人损失的，勘察人、设计人应当继续完善勘察、设计，减收或者免收勘察、设计费并赔偿损失。

第八百四十三条 技术合同是当事人就技术开发、转让、许可、咨询或者服务订立的确立相互之间权利和义务的合同。

第八百四十四条 订立技术合同，应当有利于知识产权的保护和科学技术的进步，促进科学技术成果的研发、转化、应用和推广。

第八百四十五条 技术合同的内容一般包括项目的名称，标的的内容、范围和要求，履行的计划、地点和方式，技术信息和资料的保密，技术成果的归属和收益的分配办法，验收标准和方法，名词和术语的解释等条款。

与履行合同有关的技术背景资料、可行性论证和技术评价报告、项目任务书和计划书、技术标准、技术规范、原始设计和工艺文件，以及其他技术文档，按照当事人的约定可以作为合同的组成部分。

技术合同涉及专利的，应当注明发明创造的名称、专利申请人和专利权人、申请日期、申请号、专利号以及专利权的有效期限。

第八百四十六条 技术合同价款、报酬或者使用费的支付方式由当事人约定，可以采取一次总算、一次总付或者一次总算、分期支付，也可以采取提成支付或者提成支付附加预付入门费的方式。

约定提成支付的，可以按照产品价格、实施专利和使用技术秘密后新增的产值、利润或者产品销售额的一定比例提成，也可以按照约定的其他方式计算。提成支付的比例可以采取固定比例、逐年递增比例或者逐年递减比例。

约定提成支付的，当事人可以约定查阅有关会计账目的办法。

第八百四十七条 职务技术成果的使用权、转让权属于法人或者非法人组织的，法人或者非法人组织可以就该项职务技术成果订立技术合同。法人或者非法人组织订立技术合同转让职务技术成果时，职务技术成果的完成人享有以同等条件优先受让的权利。

职务技术成果是执行法人或者非法人组织的工作任务，或者主要是利用法人或者非法人组织的物质技术条件所完成的技术成果。

第八百四十八条 非职务技术成果的使用权、转让权属于完成技术成果的个人，完成技术成果的个人可以就该项非职务技术成果订立技术合同。

第八百四十九条 完成技术成果的个人享有在有关技术成果文件上写明自己是技术成果完成者的权利和取得荣誉证书、奖励的权利。

第八百五十条 非法垄断技术或者侵害他人技术成果的技术合同无效。

第八百五十一条 技术开发合同是当事人之间就新技术、新产品、新工艺、新品种或者新材料及其系统的研究开发所订立的合同。

技术开发合同包括委托开发合同和合作开发合同。

技术开发合同应当采用书面形式。

当事人之间就具有实用价值的科技成果实施转化订立的合同，参照适用技术开发合同的有关规定。

第八百五十二条 委托开发合同的委托人应当按照约定支付研究开发经费和报酬，提供技术资料，提出研究开发要求，完成协作事项，接受研究开发成果。

第八百五十三条 委托开发合同的研究开发人应当按照约定制定和实施研究开发计划，合理使用研究开发经费，按期完成研究开发工作，交付研究开发成果，提供有关的技术资料和必要的技术指导，帮助委托人掌握研究开发成果。

第八百五十四条 委托开发合同的当事人违反约定造成研究开发工作停滞、延误或者失败的，应当承担违约责任。

第八百五十五条 合作开发合同的当事人应当按照约定进行投资，包括以技术进行投资，分工参与研究开发工作，协作配合研究开发工作。

第八百五十六条 合作开发合同的当事人违反约定造成研究开发工作

停滞、延误或者失败的，应当承担违约责任。

第八百五十七条　作为技术开发合同标的的技术已经由他人公开，致使技术开发合同的履行没有意义的，当事人可以解除合同。

第八百五十八条　技术开发合同履行过程中，因出现无法克服的技术困难，致使研究开发失败或者部分失败的，该风险由当事人约定；没有约定或者约定不明确，依据本法第五百一十条的规定仍不能确定的，风险由当事人合理分担。

当事人一方发现前款规定的可能致使研究开发失败或者部分失败的情形时，应当及时通知另一方并采取适当措施减少损失；没有及时通知并采取适当措施，致使损失扩大的，应当就扩大的损失承担责任。

第八百五十九条　委托开发完成的发明创造，除法律另有规定或者当事人另有约定外，申请专利的权利属于研究开发人。研究开发人取得专利权的，委托人可以依法实施该专利。

研究开发人转让专利申请权的，委托人享有以同等条件优先受让的权利。

第八百六十条　合作开发完成的发明创造，申请专利的权利属于合作开发的当事人共有；当事人一方转让其共有的专利申请权的，其他各方享有以同等条件优先受让的权利。但是，当事人另有约定的除外。

合作开发的当事人一方声明放弃其共有的专利申请权的，除当事人另有约定外，可以由另一方单独申请或者由其他各方共同申请。申请人取得专利权的，放弃专利申请权的一方可以免费实施该专利。

合作开发的当事人一方不同意申请专利的，另一方或者其他各方不得申请专利。

第八百六十一条　委托开发或者合作开发完成的技术秘密成果的使用权、转让权以及收益的分配办法，由当事人约定；没有约定或者约定不明确，依据本法第五百一十条的规定仍不能确定的，在没有相同技术方案被授予专利权前，当事人均有使用和转让的权利。但是，委托开发的研究开发人不得在向委托人交付研究开发成果之前，将研究开发成果转让给第三人。

第八百六十二条 技术转让合同是合法拥有技术的权利人，将现有特定的专利、专利申请、技术秘密的相关权利让与他人所订立的合同。

技术许可合同是合法拥有技术的权利人，将现有特定的专利、技术秘密的相关权利许可他人实施、使用所订立的合同。

技术转让合同和技术许可合同中关于提供实施技术的专用设备、原材料或者提供有关的技术咨询、技术服务的约定，属于合同的组成部分。

第八百六十三条 技术转让合同包括专利权转让、专利申请权转让、技术秘密转让等合同。

技术许可合同包括专利实施许可、技术秘密使用许可等合同。

技术转让合同和技术许可合同应当采用书面形式。

第八百六十四条 技术转让合同和技术许可合同可以约定实施专利或者使用技术秘密的范围，但是不得限制技术竞争和技术发展。

第八百六十五条 专利实施许可合同仅在该专利权的存续期限内有效。专利权有效期限届满或者专利权被宣告无效的，专利权人不得就该专利与他人订立专利实施许可合同。

第八百六十六条 专利实施许可合同的许可人应当按照约定许可被许可人实施专利，交付实施专利有关的技术资料，提供必要的技术指导。

第八百六十七条 专利实施许可合同的被许可人应当按照约定实施专利，不得许可约定以外的第三人实施该专利，并按照约定支付使用费。

第八百六十八条 技术秘密转让合同的让与人和技术秘密使用许可合同的许可人应当按照约定提供技术资料，进行技术指导，保证技术的实用性、可靠性，承担保密义务。

前款规定的保密义务，不限制许可人申请专利，但是当事人另有约定的除外。

第八百六十九条 技术秘密转让合同的受让人和技术秘密使用许可合同的被许可人应当按照约定使用技术，支付转让费、使用费，承担保密义务。

第八百七十条 技术转让合同的让与人和技术许可合同的许可人应当保证自己是所提供的技术的合法拥有者，并保证所提供的技术完整、无误、有效，能够达到约定的目标。

第八百七十一条 技术转让合同的受让人和技术许可合同的被许可人应当按照约定的范围和期限，对让与人、许可人提供的技术中尚未公开的秘密部分，承担保密义务。

第八百七十二条 许可人未按照约定许可技术的，应当返还部分或者全部使用费，并应当承担违约责任；实施专利或者使用技术秘密超越约定的范围的，违反约定擅自许可第三人实施该项专利或者使用该项技术秘密的，应当停止违约行为，承担违约责任；违反约定的保密义务的，应当承担违约责任。

让与人承担违约责任，参照适用前款规定。

第八百七十三条 被许可人未按照约定支付使用费的，应当补交使用费并按照约定支付违约金；不补交使用费或者支付违约金的，应当停止实施专利或者使用技术秘密，交还技术资料，承担违约责任；实施专利或者使用技术秘密超越约定的范围的，未经许可人同意擅自许可第三人实施该专利或者使用该技术秘密的，应当停止违约行为，承担违约责任；违反约定的保密义务的，应当承担违约责任。

受让人承担违约责任，参照适用前款规定。

第八百七十四条 受让人或者被许可人按照约定实施专利、使用技术秘密侵害他人合法权益的，由让与人或者许可人承担责任，但是当事人另有约定的除外。

第八百七十五条 当事人可以按照互利的原则，在合同中约定实施专利、使用技术秘密后续改进的技术成果的分享办法；没有约定或者约定不明确，依据本法第五百一十条的规定仍不能确定的，一方后续改进的技术成果，其他各方无权分享。

第八百七十六条 集成电路布图设计专有权、植物新品种权、计算机软件著作权等其他知识产权的转让和许可，参照适用本节的有关规定。

第八百七十七条 法律、行政法规对技术进出口合同或者专利、专利申请合同另有规定的，依照其规定。

第八百七十八条 技术咨询合同是当事人一方以技术知识为对方就特定技术项目提供可行性论证、技术预测、专题技术调查、分析评价报告等所订立的合同。

技术服务合同是当事人一方以技术知识为对方解决特定技术问题所订立的合同，不包括承揽合同和建设工程合同。

第八百七十九条 技术咨询合同的委托人应当按照约定阐明咨询的问题，提供技术背景材料及有关技术资料，接受受托人的工作成果，支付报酬。

第八百八十条 技术咨询合同的受托人应当按照约定的期限完成咨询报告或者解答问题，提出的咨询报告应当达到约定的要求。

第八百八十一条 技术咨询合同的委托人未按照约定提供必要的资料，影响工作进度和质量，不接受或者逾期接受工作成果的，支付的报酬不得追回，未支付的报酬应当支付。

技术咨询合同的受托人未按期提出咨询报告或者提出的咨询报告不符合约定的，应当承担减收或者免收报酬等违约责任。

技术咨询合同的委托人按照受托人符合约定要求的咨询报告和意见作出决策所造成的损失，由委托人承担，但是当事人另有约定的除外。

第八百八十二条 技术服务合同的委托人应当按照约定提供工作条件，完成配合事项，接受工作成果并支付报酬。

第八百八十三条 技术服务合同的受托人应当按照约定完成服务项目，解决技术问题，保证工作质量，并传授解决技术问题的知识。

第八百八十四条 技术服务合同的委托人不履行合同义务或者履行合同义务不符合约定，影响工作进度和质量，不接受或者逾期接受工作成果的，支付的报酬不得追回，未支付的报酬应当支付。

技术服务合同的受托人未按照约定完成服务工作的，应当承担免收报酬等违约责任。

第八百八十五条　技术咨询合同、技术服务合同履行过程中，受托人利用委托人提供的技术资料和工作条件完成的新的技术成果，属于受托人。委托人利用受托人的工作成果完成的新的技术成果，属于委托人。当事人另有约定的，按照其约定。

第八百八十六条　技术咨询合同和技术服务合同对受托人正常开展工作所需费用的负担没有约定或者约定不明确的，由受托人负担。

第八百八十七条　法律、行政法规对技术中介合同、技术培训合同另有规定的，依照其规定。

二、《最高人民法院关于审理技术合同纠纷案件适用法律若干问题的解释（2020年修正）》

（2021年1月1日实施）

第一条　技术成果，是指利用科学技术知识、信息和经验作出的涉及产品、工艺、材料及其改进等的技术方案，包括专利、专利申请、技术秘密、计算机软件、集成电路布图设计、植物新品种等。

技术秘密，是指不为公众所知悉、具有商业价值并经权利人采取相应保密措施的技术信息。

第八条　生产产品或者提供服务依法须经有关部门审批或者取得行政许可，而未经审批或者许可的，不影响当事人订立的相关技术合同的效力。

当事人对办理前款所称审批或者许可的义务没有约定或者约定不明确的，人民法院应当判令由实施技术的一方负责办理，但法律、行政法规另有规定的除外。

第九条　当事人一方采取欺诈手段，就其现有技术成果作为研究开发标的与他人订立委托开发合同收取研究开发费用，或者就同一研究开发课题先后与两个或者两个以上的委托人分别订立委托开发合同重复收取研究开发费用，使对方在违背真实意思的情况下订立的合同，受损害方依照民法典第一百四十八条规定请求撤销合同的，人民法院应当予以支持。

第十条 下列情形，属于民法典第八百五十条所称的“非法垄断技术”：

（一）限制当事人一方在合同标的技术基础上进行新的研究开发或者限制其使用所改进的技术，或者双方交换改进技术的条件不对等，包括要求一方将其自行改进的技术无偿提供给对方、非互惠性转让给对方、无偿独占或者共享该改进技术的知识产权；

（二）限制当事人一方从其他来源获得与技术提供方类似技术或者与其竞争的技术；

（三）阻碍当事人一方根据市场需求，按照合理方式充分实施合同标的技术，包括明显不合理地限制技术接受方实施合同标的技术生产产品或者提供服务的数量、品种、价格、销售渠道和出口市场；

（四）要求技术接受方接受并非实施技术必不可少的附带条件，包括购买非必需的技术、原材料、产品、设备、服务以及接收非必需的人员等；

（五）不合理地限制技术接受方购买原材料、零部件、产品或者设备等的渠道或者来源；

（六）禁止技术接受方对合同标的技术知识产权的有效性提出异议或者对提出异议附加条件。

第十一条 技术合同无效或者被撤销后，技术开发合同研究开发人、技术转让合同让与人、技术许可合同许可人、技术咨询合同和技术服务合同的受托人已经履行或者部分履行了约定的义务，并且造成合同无效或者被撤销的过错在对方的，对其已履行部分应当收取的研究开发经费、技术使用费、提供咨询服务的报酬，人民法院可以认定为因对方原因导致合同无效或者被撤销给其造成的损失。

技术合同无效或者被撤销后，因履行合同所完成新的技术成果或者在他人技术成果基础上完成后续改进技术成果的权利归属和利益分享，当事人不能重新协议确定的，人民法院可以判决由完成技术成果的一方享有。

第十二条 根据民法典第八百五十条的规定，侵害他人技术秘密的技术合同被确认无效后，除法律、行政法规另有规定的以外，善意取得该技术秘密的一方当事人可以在其取得时的范围内继续使用该技术秘密，但应当向权利人支付合理的使用费并承担保密义务。

当事人双方恶意串通或者一方知道或者应当知道另一方侵权仍与其订立或者履行合同的，属于共同侵权，人民法院应当判令侵权人承担连带赔偿责任和保密义务，因此取得技术秘密的当事人不得继续使用该技术秘密。

第十三条 依照前条第一款规定可以继续使用技术秘密的人与权利人就使用费支付发生纠纷的，当事人任何一方都可以请求人民法院予以处理。继续使用技术秘密但又拒不支付使用费的，人民法院可以根据权利人的请求判令使用人停止使用。

人民法院在确定使用费时，可以根据权利人通常对外许可该技术秘密的使用费或者使用人取得该技术秘密所支付的使用费，并考虑该技术秘密的研究开发成本、成果转化和应用程度以及使用人的使用规模、经济效益等因素合理确定。

不论使用人是否继续使用技术秘密，人民法院均应当判令其向权利人支付已使用期间的使用费。使用人已向无效合同的让与人或者许可人支付的使用费应当由让与人或者许可人负责返还。

第十四条 对技术合同的价款、报酬和使用费，当事人没有约定或者约定不明确的，人民法院可以按照以下原则处理：

（一）对于技术开发合同和技术转让合同、技术许可合同，根据有关技术成果的研究开发成本、先进性、实施转化和应用的程度，当事人享有的权益和承担的责任，以及技术成果的经济效益等合理确定；

（二）对于技术咨询合同和技术服务合同，根据有关咨询服务工作的技术含量、质量和数量，以及已经产生和预期产生的经济效益等合理确定。

技术合同价款、报酬、使用费中包含非技术性款项的，应当分项计算。

第十五条 技术合同当事人一方迟延履行主要债务，经催告后在30日内仍未履行，另一方依据民法典第五百六十三条第一款第（三）项的规定主张解除合同的，人民法院应当予以支持。

当事人在催告通知中附有履行期限且该期限超过30日的，人民法院应当认定该履行期限为民法典第五百六十三条第一款第（三）项规定的合理期限。

第十六条 当事人以技术成果向企业出资但未明确约定权属，接受出资的企业主张该技术成果归其享有的，人民法院一般应当予以支持，但是该技术成果价值与该技术成果所占出资额比例明显不合理损害出资人利益的除外。

当事人对技术成果的权属约定有比例的，视为共同所有，其权利使用和利益分配，按共有技术成果的有关规定处理，但当事人另有约定的，从其约定。

当事人对技术成果的使用权约定有比例的，人民法院可以视为当事人对实施该项技术成果所获收益的分配比例，但当事人另有约定的，从其约定。

第十七条 民法典第八百五十一条第一款所称"新技术、新产品、新工艺、新品种或者新材料及其系统"，包括当事人在订立技术合同时尚未掌握的产品、工艺、材料及其系统等技术方案，但对技术上没有创新的现有产品的改型、工艺变更、材料配方调整以及对技术成果的验证、测试和使用除外。

第十八条 民法典第八百五十一条第四款规定的"当事人之间就具有实用价值的科技成果实施转化订立的"技术转化合同，是指当事人之间就具有实用价值但尚未实现工业化应用的科技成果包括阶段性技术成果，以实现该科技成果工业化应用为目标，约定后续试验、开发和应用等内容的合同。

第二十条 民法典第八百六十一条所称"当事人均有使用和转让的权利"，包括当事人均有不经对方同意而自己使用或者以普通使用许可的方式许可他人使用技术秘密，并独占由此所获利益的权利。当事人一方将技术秘密成果的转让权让与他人，或者以独占或者排他使用许可的方式许可他人使用技术秘密，未经对方当事人同意或者追认的，应当认定该让与或者许可行为无效。

第二十一条　技术开发合同当事人依照民法典的规定或者约定自行实施专利或使用技术秘密，但因其不具备独立实施专利或者使用技术秘密的条件，以一个普通许可方式许可他人实施或者使用的，可以准许。

第二十二条　就尚待研究开发的技术成果或者不涉及专利、专利申请或者技术秘密的知识、技术、经验和信息所订立的合同，不属于民法典第八百六十二条规定的技术转让合同或者技术许可合同。

技术转让合同中关于让与人向受让人提供实施技术的专用设备、原材料或者提供有关的技术咨询、技术服务的约定，属于技术转让合同的组成部分。因此发生的纠纷，按照技术转让合同处理。

当事人以技术入股方式订立联营合同，但技术入股人不参与联营体的经营管理，并且以保底条款形式约定联营体或者联营对方支付其技术价款或者使用费的，视为技术转让合同或者技术许可合同。

第二十三条　专利申请权转让合同当事人以专利申请被驳回或者被视为撤回为由请求解除合同，该事实发生在依照专利法第十条第三款的规定办理专利申请权转让登记之前的，人民法院应当予以支持；发生在转让登记之后的，不予支持，但当事人另有约定的除外。

专利申请因专利申请权转让合同成立时即存在尚未公开的同样发明创造的在先专利申请被驳回，当事人依据民法典第五百六十三条第一款第（四）项的规定请求解除合同的，人民法院应当予以支持。

第二十四条　订立专利权转让合同或者专利申请权转让合同前，让与人自己已经实施发明创造，在合同生效后，受让人要求让与人停止实施的，人民法院应当予以支持，但当事人另有约定的除外。

让与人与受让人订立的专利权、专利申请权转让合同，不影响在合同成立前让与人与他人订立的相关专利实施许可合同或者技术秘密转让合同的效力。

第二十五条　专利实施许可包括以下方式：

（一）独占实施许可，是指许可人在约定许可实施专利的范围内，将该专利仅许可一个被许可人实施，许可人依约定不得实施该专利；

（二）排他实施许可，是指许可人在约定许可实施专利的范围内，将该专利仅许可一个被许可人实施，但许可人依约定可以自行实施该专利；

（三）普通实施许可，是指许可人在约定许可实施专利的范围内许可他人实施该专利，并且可以自行实施该专利。

当事人对专利实施许可方式没有约定或者约定不明确的，认定为普通实施许可。专利实施许可合同约定被许可人可以再许可他人实施专利的，认定该再许可为普通实施许可，但当事人另有约定的除外。

技术秘密的许可使用方式，参照本条第一、二款的规定确定。

第二十八条 民法典第八百六十四条所称“实施专利或者使用技术秘密的范围”，包括实施专利或者使用技术秘密的期限、地域、方式以及接触技术秘密的人员等。

当事人对实施专利或者使用技术秘密的期限没有约定或者约定不明确的，受让人、被许可人实施专利或者使用技术秘密不受期限限制。

第三十四条 当事人一方以技术转让或者技术许可的名义提供已进入公有领域的技术，或者在技术转让合同、技术许可合同履行过程中合同标的技术进入公有领域，但是技术提供方进行技术指导、传授技术知识，为对方解决特定技术问题符合约定条件的，按照技术服务合同处理，约定的技术转让费、使用费可以视为提供技术服务的报酬和费用，但是法律、行政法规另有规定的除外。

依照前款规定，技术转让费或者使用费视为提供技术服务的报酬和费用明显不合理的，人民法院可以根据当事人的请求合理确定。

第四十三条 技术合同纠纷案件一般由中级以上人民法院管辖。

各高级人民法院根据本辖区的实际情况并报经最高人民法院批准，可以指定若干基层人民法院管辖第一审技术合同纠纷案件。

其他司法解释对技术合同纠纷案件管辖另有规定的，从其规定。

合同中既有技术合同内容，又有其他合同内容，当事人就技术合同内容和其他合同内容均发生争议的，由具有技术合同纠纷案件管辖权的人民法院受理。

三、《全国法院贯彻实施民法典工作会议纪要》

（2021 年 4 月 6 日实施）

第六条　当事人对于合同是否成立发生争议，人民法院应当本着尊重合同自由，鼓励和促进交易的精神依法处理。能够确定当事人名称或者姓名、标的和数量的，人民法院一般应当认定合同成立，但法律另有规定或者当事人另有约定的除外。

对合同欠缺的当事人名称或者姓名、标的和数量以外的其他内容，当事人达不成协议的，人民法院依照民法典第四百六十六条、第五百一十条、第五百一十一条等规定予以确定。

四、《最高人民法院关于审理商品房买卖合同纠纷案件适用法律若干问题的解释（2020 修正）》

（2021 年 1 月 1 日实施）

第十二条　当事人以约定的违约金过高为由请求减少的，应当以违约金超过造成的损失 30% 为标准适当减少；当事人以约定的违约金低于造成的损失为由请求增加的，应当以违约造成的损失确定违约金数额。

五、《中华人民共和国民事诉讼法（2021 修正）》

（2022 年 1 月 1 日实施）

第二十四条　因合同纠纷提起的诉讼，由被告住所地或者合同履行地人民法院管辖。

第三十五条 合同或者其他财产权益纠纷的当事人可以书面协议选择被告住所地、合同履行地、合同签订地、原告住所地、标的物所在地等与争议有实际联系的地点的人民法院管辖，但不得违反本法对级别管辖和专属管辖的规定。

六、《最高人民法院关于适用〈中华人民共和国民事诉讼法〉的解释（2020修正）》

（2021年1月1日实施）

第十八条 合同约定履行地点的，以约定的履行地点为合同履行地。

合同对履行地点没有约定或者约定不明确，争议标的为给付货币的，接收货币一方所在地为合同履行地；交付不动产的，不动产所在地为合同履行地；其他标的，履行义务一方所在地为合同履行地。即时结清的合同，交易行为地为合同履行地。

合同没有实际履行，当事人双方住所地都不在合同约定的履行地的，由被告住所地人民法院管辖。

七、《最高人民法院关于审理侵犯商业秘密民事案件适用法律若干问题的规定》

（2020年9月12日实施）

第一条 与技术有关的结构、原料、组分、配方、材料、样品、样式、植物新品种繁殖材料、工艺、方法或其步骤、算法、数据、计算机程序及其有关文档等信息，人民法院可以认定构成反不正当竞争法第九条第四款所称的技术信息。

与经营活动有关的创意、管理、销售、财务、计划、样本、招投标材料、客户信息、数据等信息，人民法院可以认定构成反不正当竞争法第九条第四款所称的经营信息。

前款所称的客户信息，包括客户的名称、地址、联系方式以及交易习惯、意向、内容等信息。

第二十条　权利人请求参照商业秘密许可使用费确定因被侵权所受到的实际损失的，人民法院可以根据许可的性质、内容、实际履行情况以及侵权行为的性质、情节、后果等因素确定。

人民法院依照反不正当竞争法第十七条第四款确定赔偿数额的，可以考虑商业秘密的性质、商业价值、研究开发成本、创新程度、能带来的竞争优势以及侵权人的主观过错、侵权行为的性质、情节、后果等因素。

八、《中华人民共和国反不正当竞争法（2019修正）》
（2019年4月23日实施）

第十七条　经营者违反本法规定，给他人造成损害的，应当依法承担民事责任。

经营者的合法权益受到不正当竞争行为损害的，可以向人民法院提起诉讼。

因不正当竞争行为受到损害的经营者的赔偿数额，按照其因被侵权所受到的实际损失确定；实际损失难以计算的，按照侵权人因侵权所获得的利益确定。经营者恶意实施侵犯商业秘密行为，情节严重的，可以在按照上述方法确定数额的一倍以上五倍以下确定赔偿数额。赔偿数额还应当包括经营者为制止侵权行为所支付的合理开支。

经营者违反本法第六条、第九条规定，权利人因被侵权所受到的实际损失、侵权人因侵权所获得的利益难以确定的，由人民法院根据侵权行为的情节判决给予权利人五百万元以下的赔偿。

九、《全国法院知识产权审判工作会议关于审理技术合同纠纷案件若干问题的纪要》

（2001年6月19日实施）

第十二条 技术合同内容有下列情形的，属于合同法第三百二十九条所称侵害他人技术成果：

(1) 侵害他人专利权、专利申请权、专利实施权的；

(2) 侵害他人技术秘密成果使用权、转让权的；

(3) 侵害他人植物新品种权、植物新品种申请权、植物新品种实施权的；

(4) 侵害他人计算机软件著作权、集成电路电路布图设计权、新药成果权等技术成果权的；

(5) 侵害他人发明权、发现权以及其他科技成果权的。

侵害他人发明权、发现权以及其他科技成果权等技术成果完成人人身权利的合同，合同部分无效，不影响其他部分效力的，其他部分仍然有效。

第二十五条 技术合同当事人对技术成果的验收标准没有约定或者约定不明确，在适用合同法第六十二条的规定时，没有国家标准、行业标准或者专业技术标准的，按照本行业合乎实用的一般技术要求履行。

当事人订立技术合同时所作的可行性分析报告中有关经济效益或者成本指标的预测和分析，不应当视为合同约定的验收标准，但当事人另有约定的除外。

第二十七条 有下列情形之一，使技术合同的履行成为不必要或者不可能时，当事人可以依据合同法第九十四条第（四）项的规定解除合同：

(1) 因一方违约致使履行合同必备的物质条件灭失或者严重破坏，无法替代或者修复的；

(2) 技术合同标的的项目或者技术因违背科学规律或者存在重大缺陷，无法达到约定的技术、经济效益指标的。

第五十条 根据合同法第三百三十九条第一款和第三百四十条第一款的规定，委托开发或者合作开发完成的技术成果所获得的专利权为当事人共有的，实施该专利的方式和利益分配办法，由当事人约定。当事人没有约定或者约定不明确，依照合同法第六十一条的规定不能达成补充协议的，当事人均享有自己实施该专利的权利，由此所获得的利益归实施人。

当事人不具备独立实施专利的条件，以普通实施许可的方式许可一个法人或者其他组织实施该专利，或者与一个法人、其他组织或者自然人合作实施该专利或者通过技术入股与之联营实施该专利，可以视为当事人自己实施专利。

第七十三条 技术咨询合同受托人发现委托人提供的资料、数据等有明显错误和缺陷的，应当及时通知委托人。委托人应当及时答复并在约定的期限内予以补正。

受托人发现前款所述问题不及时通知委托人的，视为其认可委托人提供的技术资料、数据等符合约定的条件。

十、《中华人民共和国专利法（2020修正）》
（2021年6月1日实施）

第十条 专利申请权和专利权可以转让。

中国单位或者个人向外国人、外国企业或者外国其他组织转让专利申请权或者专利权的，应当依照有关法律、行政法规的规定办理手续。

转让专利申请权或者专利权的，当事人应当订立书面合同，并向国务院专利行政部门登记，由国务院专利行政部门予以公告。专利申请权或者专利权的转让自登记之日起生效。

第十二条 任何单位或者个人实施他人专利的，应当与专利权人订立实施许可合同，向专利权人支付专利使用费。被许可人无权允许合同规定以外的任何单位或者个人实施该专利。

第四十二条 发明专利权的期限为二十年，实用新型专利权的期限为十年，外观设计专利权的期限为十五年，均自申请日起计算。

自发明专利申请日起满四年，且自实质审查请求之日起满三年后授予发明专利权的，国务院专利行政部门应专利权人的请求，就发明专利在授权过程中的不合理延迟给予专利权期限补偿，但由申请人引起的不合理延迟除外。

为补偿新药上市审评审批占用的时间，对在中国获得上市许可的新药相关发明专利，国务院专利行政部门应专利权人的请求给予专利权期限补偿。补偿期限不超过五年，新药批准上市后总有效专利权期限不超过十四年。

参考文献

[1] 最高人民法院民法典贯彻实施工作领导小组．中华人民共和国民法典合同编理解与适用（四）[M]．北京：人民法院出版社，2020.

[2] 最高人民法院．最高人民法院知识产权案件年度报告(2008)[R/OL].(2009-04-22)[2022-03-04]. https://law.wkinfo.com.cn/legislation/detail/MTAwMDAwOTY4MTY%3D? searchId=5cef567a1c664b88b070ab67d6d7cf3b & index=1 & q=最高人民法院知识产权案件年度报告（2008）& module=.

[3] 最高人民法院．最高人民法院知识产权案件年度报告(2009)[R/OL].(2010-04-23)[2022-03-04]. https://www.court.gov.cn/zixun-xiangqing-791.html.

[4] 最高人民法院．最高人民法院知识产权案件年度报告(2011)[R/OL].(2012-04-19)[2022-03-04]. https://www.court.gov.cn/zixun-xiangqing-3905.html.

[5] 最高人民法院．最高人民法院知识产权案件年度报告（2013）（摘要）[R/OL].(2014-04-24)[2022-03-04]. https://law.wkinfo.com.cn/legislation/detail/MTAxMDAxMTMzOTY%3D? searchId=657f5bbe80a440f0aaa14f0a81a2590d & index=1 & q=最高人民法院知识产权案件年度报告（2013）& module=.

[6] 最高人民法院．最高人民法院知识产权案件年度报告（2016）（摘要）[R/OL].(2017-04-26)[2022-03-04]. https://law.wkinfo.com.cn/legislation/detail/MTAxMDAxNDE0Mjk%3D? module=.

[7] 最高人民法院．最高人民法院知识产权案件年度报告（2017）（摘要）[R/OL].(2018-04-24)[2022-03-04]. https://www.court.gov.cn/zixun-xiangqing-92062.html.

[8] 最高人民法院．最高人民法院知识产权案件年度报告（2019）（摘要）[R/OL].(2020-04-23)[2022-03-04]. https://www.court.gov.cn/zixun-xiangqing-227071.html.

[9] 参见大洋公司诉黄河公司专利实施许可合同纠纷案［J/OL］．中华人民共和国最高

人民法院公报. 2004 (9)：裁判文书选登[2022-03-04]. http://gongbao. court. gov. cn/Details/19731e09a0e4875770100e09892329. html? sw=大洋公司诉黄河公司专利实施许可合同纠纷案.

[10] 参见王兴华、王振中、吕文富、梅明宇与黑龙江无线电一厂专利实施许可合同纠纷案 [J/OL]. 中华人民共和国最高人民法院公报，2007 (1)：裁判文书选登 [2022-03-04]. http://gongbao. court. gov. cn/Details/9800e00ba8bb878ee800-324d164ec8. html? sw=王兴华、王振中、吕文富、梅明宇与黑龙江无线电一厂专利实施许可.

[11] 参见北京朗坤生物科技有限公司与北京汇朗生物科技有限公司专利权转让合同纠纷案 [J/OL]. 中华人民共和国最高人民法院公报，2021 (1)：裁判文书选登 [2022-03-04]. http://gongbao. court. gov. cn/Details/10aaa03311bb63cbb0-97c3953c4381. html? sw=北京朗坤生物科技有限公司与北京汇朗生物科技有限公司专利权转让.

[12] 最高人民法院民法典贯彻实施工作领导小组. 中华人民共和国民法典总则编理解与适用（下）. [M]. 北京：人民法院出版社，2020.

[13] 最高人民法院民法典贯彻实施工作领导小组. 中华人民共和国民法典合同编理解与适用（一）[M]. 北京：人民法院出版社，2020.

[14] 杨林村. 最新技术合同签约指南 [M]. 北京：中国经济出版社，2000.

[15] 童兆洪. 知识产权判案评述 [M]. 北京：人民法院出版社，2003.

[16] 许红峰. 技术合同案例评析（第二版）[M]. 北京：知识产权出版社，2007.

[17] 孙邦清. 技术合同实务指南 [M]. 北京：知识产权出版社，2002.

[18] 里克·亚当斯，罗威尔·克雷格，玛莎·莱斯曼·卡兹，等. 知识产权许可策略——美国顶尖律师谈知识产权动态分析及如何草拟有效协议 [M]. 王永生，殷亚敏，译. 北京：知识产权出版社，2014.

[19] 大卫·蒂斯. 技术秘密与知识产权的转让与许可——解读当代世界的跨国企业 [M]. 王玉茂盛，彭洁，李莎，胡翠娟，译. 北京：知识产权出版社，2014.

[20] 程永顺. 技术合同纠纷案件法官点评 [M]. 北京：知识产权出版社，2004.

[21] 唐素琴，周轶男. 美国技术转移立法的考察和启示：以美国拜杜法和史蒂文森法为视角 [M]. 北京：知识产权出版社，2014.